中国森林对话机制

——森林与气候变化

主编 姜春前
编者 鲁 德 刘 昕 白彦锋
谢家禄 曲 升

中国林业出版社

图书在版编目（CIP）数据

中国森林对话机制：森林与气候变化/姜春前等编. －北京：中国林业出版社，2012. 8
ISBN 978-7-5038-6732-3

Ⅰ. ①中… Ⅱ. ①姜… Ⅲ. ①森林-作用-气候变化-文集 Ⅳ①S718. 5-53 ②P467-53

中国版本图书馆 CIP 数据核字（2012）第 206592 号

出　版　中国林业出版社（100009　北京西城区刘海胡同 7 号）
网　址　http://lycb. forestry. gov. cn
E-mail　pubbooks@126. com　电话　（010）83228524
印　刷　北京中科印刷有限公司
版　次　2012 年 8 月第 1 版
印　次　2012 年 8 月第 1 次
开　本　787mm × 1092mm　1/16
印　张　10
字　数　220 千字
印　数　1 ~ 1000 册
定　价　29. 00 元

前　言

第四次中国森林对话机制——森林与气候变化会议2008年5月8~9日在北京召开。

随着政府间气候变化专门委员会第四次评估报告的发布，人们对全球气候变化的关注达到了前所未有的程度。政府部门承认需要认真调整以往的情景以承受未来的最坏情况。森林保护、森林植被变化、森林可持续的管理及其碳储量变化等都将可能是未来国际气候安排的一部分。中国森林面积1.9亿hm^2，对于中国乃至全球，中国森林资源是减缓气候变化的一笔巨大资产。

在这种背景下，第四次森林对话机制论坛汇聚了50多为来自政府机构、民间团体和国际组织的专家。会议得到如下结论：

• 气候变化推动林业走向国际议程。林业工作者要抓住机遇，并保持这样势头，随时准备组织必要的交流以应对政治和公众需求。

• 管理森林碳储量的原则与促进森林可持续管理的原则类似。森林可持续管理可以降低社会脆弱性，比如水资源短缺和生物多样性的丧失。因此，应该在国家“十二五”发展规划中对森林减缓和适应方案进行综合性评估。

• 中国森林资源减缓潜力巨大，但还未得到充分发挥。因此，需要制定碳资产管理的基线和监测方法学。

• 示范项目应该包括农用林业、竹子栽培和生态公益林的管理等。野外试验应该注重增加森林碳储量的方法，如通过延长轮伐期和应用专门设计的森林培育措施。

• 国家森林温室气体排放清单应及时发布，以便于为公共补偿和碳贸易做准备。

• 森林碳储量作为资产进行交易需要有一个清晰的政策和市场策略。要有两个发展阶段：质量和“有吸引力”的碳市场。后者可带来溢价回报，但需要有强烈的协同效益（例如，显著的生物多样性保护和社区参与）。

• 根据区域和当地的条件、发展能力以及目标数据、信息以及知识共享，国家现有的可持续森林管理指南需要大规模实地应用，并在实践中完善。

森林构成了全球碳循环的基本要素，是全球的公共利益。因此，迫切需要国际社会的共同努力。中国正在走建设“和谐、节约型和环境友好型社会”的路线。人类的未来前景需要避免全球气候变化灾难的可能性。

目　　录

《联合国气候变化框架公约》国际气候变化谈判下的林业议题

姜春前* 白彦锋

摘要：大气中温室气体浓度的增加引起了全球气候变化，严重威胁着人类的生存健康和社会的可持续发展。为减缓气候变化，保护人类生存环境，人们进行着不懈的努力。由于森林在减缓全球气候变化中的重要作用，使得林业成为气候变化谈判中一个非常重要的内容。文中主要是介绍了国际气候变化谈判下涉及林业的主要议题内容和谈判中的进展情况，即土地利用、土地利用变化和林业（LULUCF），清洁发展机制（CDM），减少发展中国家毁林和森林退化所致排放（REDD）和采伐后的林产品（HWP，简称木质林产品）。

关键词：联合国气候变化框架公约；京都议定书；LULUCF；清洁发展机制；毁林；木质林产品

大气中温室气体浓度的增加引起了全球气候变化，导致环境也发生着变化，严重威胁着人类的生存健康和社会的可持续发展。为了减缓全球气候变化，保护人类的生存环境，1992 年 5 月 9 日在纽约通过了《联合国气候变化框架公约》（UNFCCC，以下简称《公约》）。《公约》的原则是各缔约方应在公平的基础上，遵循"共同但又有区别的责任"和"可持续发展"的原则应对气候变化，为人类当代和后代的利益保护着环境系统（UN，1992）。1997 年 12 月在日本的京都举行了 UNFCCC 的第三次缔约方会议（COP3），通过了《〈联合国气候变化框架公约〉京都议定书》（Kyoto Protocol，简称京都议定书，KP），该议定书为发达国家规定了有法律约束力的量化减限排指标（UNFCCC，1997）。

森林是陆地生态系统的主体，在减缓全球气候变化中具有双重的身份：既是大气二氧化碳的重要吸收库，起到碳"汇"的作用；由于毁林和森林退化的发生，又使得森林变成是一个重要的碳"源"。由于森林在减缓气候变化中的重要作用，使得林业成为气候变化谈判中的一个非常重要的议题。在气候变化谈判中与林业有关的议题主要包括：土地利用、土地利用变化和林业（LULUCF），清洁发展机制（CDM），减少发展中国家毁林和森林退化所致排放（REDD）和采伐后的林产品（HWP，简称木质林产品）。

1. 土地利用、土地利用变化和林业（LULUCF）

LULUCF 固碳作用可以作为减缓温室气体排放的一种有效方式。为了履行《京都议定书》（以下简称《议定书》）规定的附件 I 国家减排义务，可以利用 LULUCF 的碳吸收汇抵消其部分碳排放，减轻他们的减排压力。在联合国第七次缔约方会议（COP7）上制定的《马拉

* 姜春前，中国林业科学研究院研究员。E-mail：jiangchq@ caf. ca. cn

喀什协定》包括适用于第一承诺期的 LULUCF 的规则(UNFCCC, 2001)。在 2005 年的 COP 第 11 次联合国缔约方会议(COP11)大会上启动了 2012 年后国际减缓气候变化的一系列谈判(UNFCCC, 2007)。由于 LULUCF 固碳作用在抵消发达国家温室气体排放中的重要作用，如何更好地利用 LULUCF 碳汇将成为今后国际气候变化谈判中的重点(李玉娥等, 2007)。

1.1 第一承诺期 LULUCF 谈判

附件Ⅰ国家利用 LULUCF 的碳汇作用需要在科学的基础上利用统一的方法估算和报告 LULUCF 活动，但是其核算不能改变《议定书》第三条第 1 款提出的减排目标，并且不能将减排义务转移到未来的承诺期，要有利于生物多样性的保护和自然资源的可持续利用等一系列原则。

在《议定书》第三条第 4 款规定了 1990 年以后的森林原则、农田管理、草地管理和植被恢复等是合格的活动。LULUCF 规则还规定了附件Ⅰ国家利用森林管理活动产生碳汇的上限，对其他活动并没有限定上限，并且在第一承诺期合格的清洁发展机制(CDM)项目稍大动仅限于造林和再造林活动。

在第一承诺期 LULUCF 谈判中，还存在一些问题：由于方法和其他计算的不确定性问题，木质林产品并未纳入到核算中，毁林采用总—净和净—净两种核算方式导致的核算方法不一致；核算基准年问题的确定：未考虑植被破坏后产生的碳排放(UNFCCC, 2007)。

1.2 第二承诺期 LULUCF 谈判

第二承诺期的 LULUCF 谈判主要是要不要修改当前的 LULUCF 规则定义等问题，主要存在两种模式：一是继续遵循《议定书》相关条款模式；二是基于土地利用的《联合国气候变化框架公约》模式，这是完全摒弃《议定书》有关的 LULUCF 模式和规则(张小全等, 2009)。

几乎所有递交意见的缔约方都认为目前的规则影响了他们通过 LULUCF 活动增加碳汇活动的积极性，本着减少成本、降低规则的复杂性和增加他们的积极性的原则，提出要对现有的规则进行修改。但是加拿大等国提出对现有规则的修改需要保证 LULUCF 规则的完整性；澳大利亚建议应该在确定附件Ⅰ国家第二承诺期减排目标之前完成该规则的修改和完善。一些发达国家如加拿大、挪威和新西兰反对利用森林管理活动设置上限。挪威还提出合格的 CDM 项目还应该包括减少毁林和森林退化、促进森林的可持续管理等活动，但是还要解决诸如基线、碳泄露和持久性的方法学问题(UNFCCC, 2008)。

对附件Ⅰ国家利用 LULUCF 碳汇功能要给定限额，不应该超过第一承诺期的上限；另外对于我国从技术层面上考虑毁林的问题，如减少毁林项目存在严重的、不能够很好地处理碳泄露的问题(李玉娥, 2008; UNFCCC, 2008)。

2 清洁发展机制(DM)

清洁发展机制(CDM)源于巴西在气候变化谈判的清洁发展基金(clean development fund)提案，是在《京都议定书》的第十二条确立的、发达国家和发展中国家之间的一种合作机制。其目的是帮助发展中国家实现可持续发展，同时帮助发达国家实现其在《议定书》

第 3.1 条款下的减/限排承诺。在该机制下，发达国家通过资金和技术援助的方式与发展中国家开展合作，实现温室气体减排的目标。通过项目级的合作，发展中国家可以从发达国家获得资金和先进的技术，同时也可以减少温室气体的排放，尽量避免经济发展过程给环境带来的不利影响，最终推动社会的可持续发展；另一方面发达国家可以避免国内减少温室气体排放的高额成本，因此可以借助 CDM 机制节约大量的资金，减轻为实现减限排目标对国内经济的发展产生的压力。因此 CDM 机制可以被看作是一种双赢的机制。在第一承诺期的造林和再造林项目是合格的 CDM 项目。国际社会也在关注中国的林业碳汇特别是 CDM 林业项目。

3　减少发展中国家毁林和森林退化所致的碳排放(REDD)

3.1　全球毁林现状

自工业革命以来，全球的毁林面积在不断地增长，毁林主要是发生在热带地区的发展中国家。热带毁林目前已经成为一个重要的碳排放源；在 1980 ~ 1995 年，热带地区的年均毁林率达到 1550 万 hm^2；1990 ~ 2000 年的全球的年均毁林率在 1460 万 hm^2，其中热带地区是年均 1420 万 hm^2，占全球毁林率的 97.3%，2000 ~ 2005 年的毁林率略有降低(FAO，1999，2001，2006)。毁林引起森林的消失，造成林地大量的有机碳迅速释放到大气中，引起温室气体浓度的上升，毁林还会减少林产品的供应和引起洪涝灾害，进而影响到经济发展和威胁到人类的健康以及当地以森林为生的文化的完整性。中国的毁林发生的重要原因是经济建设的驱动，比如道路交通建设、城市化建设用地和林业用地转化为农业用地，但是我国还没有符合毁林定义的相关的官方统计数据。

3.2　有关 REDD 谈判进展

2001 年的 COP7 中《马拉喀什协议》的定义，毁林是指由人类活动直接引起的林地向非林地的转变。该定义不包括随后获得的再生森林的采伐，这被看作是一种森林管理活动。由自然扰乱，如野火、虫灾或暴风等造成森林覆盖的消失也不算作毁林，因为这些土地在多数情况下将会自然再生或在人的协助下再生森林。

减少毁林已经成为减缓温室气体排放的一种重要的举措。为此，2001 年在摩洛哥的马拉喀什举行了第七次缔约方会议(COP7)，通过的《马拉喀什协定》(Marrakesh Accords)，对毁林进行了明确的定义。《马拉喀什协定》(11./CP7)规定：由于基线和方法学问题，在第一承诺期毁林不是合格的 CDM 项目。2005 年 7 月，为借鉴京都议定书的灵活机制，从发达国家获得资金，巴布亚新几内亚和哥斯达黎加向公约秘书处建议在 COP 第 11 临时议程中增加“减少发展中国家毁林和森林退化所致排放(REDD)：激励机制”，并得到刚果、智利、中非共和国等一些国家的支持。随后附属科技咨询机构(SBSTA)就 REDD 的相关的技术和方法学问题举行了相应的研讨会，但是许多发展中国家在毁林历史数据的收集方面还存在一定的难度。在 2007 年巴厘岛的 COP13 会议上继续讨论该问题。减少毁林包括在 COP13 的减缓内容中，毁林和森林退化的排放得到了承认。COP13 的结论是保护森林的可持续管理和提高发展中国家森林碳储量。但是附件 I 缔约方可能要负担大部分的资金补偿，毁林严重的非附件 I 缔约方担心可以获得的补偿资金有限。

3.3 对 REDD 的理解

3.3.1 REDD 类似 CDM 市场方法的缺点

减少发展中国家毁林和森林退化所致排放和 CDM 类似的市场方法目前还存在一些缺点，比如，如果采用市场的方法来减少排放将会抵消发达国家的减排承诺；碳泄露发生在项目级水平上，但是国际间的碳泄露发生在国家水平上；许多发展中国家在收集历史数据方面还面临着很大的困难等。

3.3.2 减少毁林和森林退化排放的激励机制

减少毁林和森林退化是减少排放的一种最直接的手段。要将 REDD 和 CDM 中的造林和再造林项目严格分开，逐步开展，通过示范作用——方法学——进一步协商的步骤进行。在国家水平或亚国家水平(区域或省级水平)来减少排放，森林是一个国家发展的基础资源支撑，在国际谈判过程中可能由于碳储量变化的问题被一些国家干涉，成为第二个人权问题，这将影响到国家的发展。

3.3.3 增加碳储量的激励机制

通过森林保育和植被恢复以及可持续的森林管理和增加森林面积等方法可以提高森林的碳储量。减少毁林的最直接的方法就是开展森林保育，和造林/再造林一样，达到增加森林碳储量的目的。然而，发达国家反对将森林保育作为增加碳储量的一种途径，主要是考虑森林保育增加的碳储量可能要超过造林和再造林增加的碳储量，增加他们的成本；而一些发展中国家认为减少毁林的资金有限，若将森林保育也纳入到谈判中来，将有可能减少毁林方面的资金投入，最终将影响到减少毁林的成果。通过森林管理活动同样也可以增加森林碳储量。森林可持续管理增加碳储量的方法易于被发达国家和发展中国家接受，也可以作为一种碳信用的增加。另外，森林面积的增加也可以提高森林的碳储量。

4 采伐后木质林产品(HWP)

4.1 HWP 议题的谈判进展

采伐的森林生物量，除部分在采伐迹地上通过燃烧或腐烂分解的形式将碳排放到大气，大部分植被所储存的碳被转移到木质林产品中，随着经济的发展和人民生活水平的提高，对木质林产品的需求也越来越大。由于木质林产品本身的特性如可再生性、自然降解和将碳保存较长的时间，尤其是废旧产品的垃圾填埋，可延长碳的排放时间，并有可能长期储存；同时木质林产品在一些领域可以替代化石燃料和钢、铁或水泥等能源密集型产品。利用木质林产品的碳储量增加可以抵消部分温室气体排放。基于此，木质林产品排放的方法学评估在 1996 年 3 月的联合国气候变化框架公约附属科学技术咨询机构(SBSTA)第四次会议上被首次提出。在该次会上，各缔约方欢迎就此问题由 IPCC 召集的一个专家组会议，并要求秘书处准备一份关于 HWP 方法学的范围研究，同时考虑这次会议的成果。在《IPCC1996 指南》中提出了 IPCC 缺省法，该法“为基本计算的目的，建议缺省假设是木材和其他来自森林生物量的所有碳在清除当年被氧化，这主要是基于在大多数国家每年木质林产品的储量没有明显增加的理解，并且只有当一个国家能够用文件证明现存长期木质林产品储量事实上是在增加，所建议方法估算的木质林产品碳储量才被包含在国家清单中。严格说来，在一些产品中这是不精确的，但对初始计算却是一个相当合理、保守的假设”。假设木质林产品中的碳是立即释放到大气，那么该计量方法简单易行，假设也是合理的，但事实上，木质林产品中的碳排放是逐步的，全世界林产品中碳储量正随时间的推移不断增加(Winjum et al. , 1998)。所以，如何合理准确地计量木质林产品碳储量就成了会议谈判争论的焦点。

在以后又召开了多次针对方法学及其影响的研讨会。1998 年 5 月在塞内加尔首都达喀尔召开了 HWP 碳储量的方法学研讨会，提出替代 IPCC 缺省法的另外 3 种方法，即大气流动法、储量变化法和生产法(Brown et al. , 1998)。2001 年 2 月新西兰政府组织关于木质林产品的非正式研讨会，对达喀尔会议提议的方法展开进一步讨论，并建议将木质林产品纳入京都议定书予以考虑。“土地利用、土地利用变化和林业良好做法指南”(IPCC，GPG－2003)中为木质林产品碳储量及其变化计量提供了方法学指南。2007 年 5 月在波恩举行的 SBSTA26 次会议上，继续讨论了 HWP 问题，邀请缔约方在国家清单中以和当前 UNFCCC 报告指南一致的方式自愿报告 HWP；SBSTA 同意在将来的会议上继续审议 HWP 的其他问题，包括方法的应用对发达国家和发展中国家的影响以及对林产品贸易和森林可持续经营等多方面的影响。

4.2 我国木质林产品碳储量变化

木材采伐和木质林产品的使用改变了陆地生态系统和大气之间的碳平衡。木质林产品碳循环是陆地生态系统碳循环的一个重要组成部分。我国木材产量到 2004 年达到 5197.33 万 m^3，全国木材产品市场总供给量为 30669 万 m^3(中国林业发展报告，2005)。利用储量变化法、生产法和大气流动法来估算我国木质林产品的碳储量变化，结果显示目前我国的木质林产品库是一个碳库，并且这个碳库的碳储量不断地在增长。由于我国是木质林产品进口国，因此储量变化法估算的结果最高，其次是生产法，最后是大气流动法(如图 1Tg $=10^6$t)。图 1 是利用 FAO 统计数据估算 1961～2000 年的碳储量变化结果。

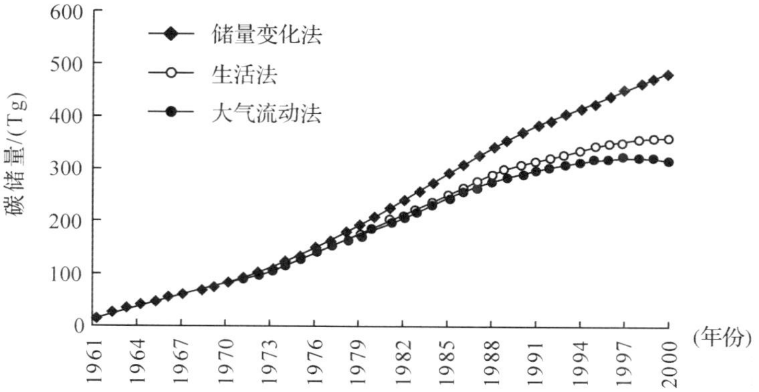

图 1 利用 FAO 数据估算 1961～2000 年碳储量变化结果

4.3 不同方法的潜在影响

方法的主要区别是碳储量变化发生的时间和地点。木质林产品碳储量和碳排放的估计、报告和计量在UNFCCC和京都议定书的内容中可能对森林和木质林产品的管理实践产生潜在的影响，因为这些可能影响到政策和措施的实施，而这些政策和措施进而会影响到木质林产品国家碳储量的数量和质量。来自京都议定书内容中木质林产品的计量对社会经济和环境的影响取决于不同方法对参与国际贸易产品碳排放的分配，因此对承担减排责任和不承担减排责任国家的影响就会不同，对产品的净进口国和净出口国家的影响也可能不同。不同方法不仅对木质林产品生产、消费和贸易以及社会和经济产生影响，还会对社会其他诸如就业和人口动态等相关因子造成不同的影响，影响的本质取决于方法的选择。

4.4 其他问题

目前，参与国家气候变化谈判的缔约方针对木质林产品议题的方法学所涉及的问题进行多次争论和协商，所争论的焦点主要是如何处理参与进出口贸易的木质林产品碳储量归属和碳排放分配的问题，以及不同方法的应用给缔约方所带来的潜在影响；方法估算过程中数据的收集的成本和方法学本身的不确定性问题。由于该议题所涉及问题的复杂性和不确定性等多方面的问题，因此附属科技咨询机构2007年5月在德国波恩举行的第26届会议上，决定在将来的会议上继续审议HWP议题的内容。

中国当前面临着诸多挑战：人口增加的压力，森林单位面积蓄积量较世界平均水平低和人工林生产量不高。但是中国和相关部门一起在“共同但有区别责任”和“可持续发展”原则框架下，坚持科学发展观，积极制定并实施应对气候变化的国家战略。林业部门将通过森林恢复和增加人工林种植来扩大森林面积；加强森林保护增加森林的碳储量；改善森林的可持续经营管理和森林质量，提高吸收碳的能力；加强木质林产品在能源密集型产品方面的替代作用。

参考文献

Brown B, Lim B, Schiamadinger B. 1998. Evaluating approaches for estimating net emissions of carbon dioxide from forest harvesting and wood products. IPCC/OECD/IEA Programme on National Greenhouse Gas Inventories. Meeting Report. 1 – 40

IPCC. 2003. Good Practice Guidelines for Land Use, Land – use Change and Forestry. http://www. ipcc – nggip. iges. or. jp/public/gpglulucf/gpglulucf. htm.

Unite Nations. 1992. Unite nations framework convention of climate change. http://unfccc. int/resource/docs/convkp/conveng. pdf

te change.

FAO. 1999. State of the world's forests 1999. Rome.

FAO. 2001. Global forest resources assessment 2000: Main report. FAO Forestry Paper 140. Rome.

FAO. 2006. Global forest resources assessment 2005. FAO Forestry Paper 147, Rome.

UNFCCC. 1997. Kyoto Protocol to the United Nnations framework convention of climaUNFCCC. 2001. Decision 11/CP7: Land use change and forestry. In: Report of the conference of the parties on its seventh session, Addendum: Part 2: Action taken by the conference of the parties, Vol I. FCCC/CP/2001/13/Add. 1, 54 – 63.

Winjum J K, Brown S, Schlamadinger B. 1998 Forest harvests and wood products: sources and sinks of atmospheric carbon dioxide. Forest Science. 44(2), 272 – 284.

巴厘岛会议对林业部门的影响

Reinhard Wolf *

摘要：本文描述了巴厘岛会议对林业部门的可能影响。文中主要介绍了减少发展国中家毁林和森林退化的排放。最后讨论了如何最大化国家部门的参与方法和加强发达国家和发展中国家的合作。

关键词：影响；巴厘岛；毁林；森林退化

1 前言

森林在气候变化过程中发挥了重要的作用，关于他们的关系在国际气候变化谈判中已经得到了体现，尤其是在1997年签署的《京都议定书》。在《京都议定书》中规定了造林和再造林项目在第一承诺期内可以作为合格的清洁发展机制(Clean Development Mechanism, CDM)项目，并且在减缓气候变化中通过造林可以吸收大气中的二氧化碳已经被广大的人民所承认[1]。

减少发展中国家毁林和森林退化所致排放(REDD)作为国际气候变化谈判的额外举措，不包括在《京都议定书》第一减排承诺期内(2008~2012年)。2005年7月，为了热带雨林国家联盟的利益和借鉴《京都议定书》的灵活机制，从发达国家获得资金，巴布亚新几内亚和哥斯达黎加向《联合国气候变化框架公约》(UNFCCC，以下简称《公约》)秘书处建议在COP11临时议程中增加"减少发展中国家毁林和森林退化所致排放(REDD)：激励机制"，并得到刚果、智利、中非共合国等一些国家的支持。在UNFCCC(《公约》)的推动下，对此建议开始了一个两年的检查进程和吸引了许多相关利益群体的广泛参与[2]。

2 巴厘岛会议的结果

决议1/CP. 13包含巴厘行动计划(Bali Action Plan)[3]，决定"通过现在一直到2012年长期的合作计划，启动一个全面进程能够使大会全面、有效和持续的执行，以达到一致的结果并在以后的第15次缔约方会议上采纳第15次缔约方会议2009年末在哥本哈根举行。"

巴厘岛行动计划包括四个主要部分：①减缓，②适应，③技术转化，④提高资金供应的行动。第一部分的减缓对策包括提高国家和国际间REDD的行动[4]。

REDD被进一步列在决议2/CP. 13，因此也称作到巴厘岛REDD决议。在最初的讨论过程中解决了关键的问题，特别是REDD的范围和执行水平**：

（1）承认森林退化的碳排放；

（2）鼓励缔约方探索行动、确定选项和保证努力的范围，包括示范活动，处理符合国

* Reinhard Wolf, GTZ, Environment and Climate Division. E-mail: reinhard. wolf@ gtz. de

** Sheila Wertz-Kanounnikoff (IDDRI)

情的毁林驱动力，考虑到减少毁林和森林退化的排放，通过可持续的森林管理提高森林碳储量。中国和印度强调森林保育在减缓气候变化过程中的作用和森林可持续经营，在这种状态下，森林保育将会包含在未来的毁林减排议题谈判中。

（3）进一步鼓励缔约方支持能力建设、提供技术援助和促进技术转化来提高数据收集以及解决发展中国家关于 REDD 技术上的需求。

（4）决议附件提供了从事和评估示范活动范围的指南，关于国家的焦点强调了应用的亚国家*方法是国家方法、参考水平和估计发展的一步。这个焦点由于亚国家或项目水平方法面临的泄漏风险而引起了争论（国内项目到其他位置毁林或森林退化活动的空间上的转移）。

秘书处请缔约方在 2008 年 3 月 21 日之前提交他们对处理未解决方法学问题的观点，相关的文献和报告可以从 UNFCCC 网站获得。

3 巴厘会议对林业部门的影响

根据巴厘岛会议的结论，林业在国际气候变化谈判中占据着重要的地位。Vattenfall 研究证实林业部门在减缓气候变化过程中有着巨大的潜力[5]。两个主要的方面一是 REDD，二是通过造林、森林保育和可持续的森林管理活动增加森林的碳储量。这两个方面有着相同的重要作用。

考虑到 REDD，许多国家采取了主动的行动：挪威决定每年投资 500 百万美元减少毁林[6]，在 2008 ~2012 年间将会投入的资金超过 27 亿美元。世界银行启动了投资 300 万美元毁林试点资金，称作森林碳伙伴基金［Forest Carbon Partnership Facility（FCPF）］，其中德国投资 6 千万美元成为最大的投资方。

除了传统的林业部门监测活动外（森林覆被率、材积和生物量等），碳监测和计量成为一种新的活动。但是许多传统的活动仍然有效和重要：假设近自然可持续管理可以满足维持并提高森林碳储量的功能。政府必须更新职能提供充足的框架条件和刺激相关利益群体进行可持续森林管理。到 2008 年 6 月份，UNFCCC 组织第三次 REDD 方法学研讨会，8 月份计划在加纳举行政策和措施的第四次研讨会。

4 国家的最大化参与与附件 I 和附件 II 之间的桥梁

有关活动的范围讨论了 3 种主要方法，他们在 Pistorius[7] 等人的报告中被命名为①雨林联盟和刚果盆地；②巴西途径；③ 印度方法。雨林联盟和刚果盆地途径包括避免毁林和森林退化，和碳市场相联系。作为巴西陈述的一种响应它仅包括毁林的 REDD 机制，拒绝基于市场的途径但建议基金。印度提出了一种“保育补偿”途径，它包括森林管理以及造林和再造林活动，支持对成功的执行规则和保育措施进行补偿，中国支持这种途径。印度批评其他措施提高了国家森林毁林率的积极刺激，并且忽略了改善他们森林覆盖的努力。一般方法的区别是机制、计量方法和补偿基金组成的范围等方面。

至今提到的方法没有覆盖所有的林地使用，主要是应用于特殊的土地，经常争论的是确保技术的可行性，因而会忽略碳流动的巨大潜力。因此，所有的方法应该包括技术的可

---

* 国内开展的活动。

行性和包括对库和流认识的全面性。

在国家水平上土地利用的途径已经存在于附件I的缔约方中，可以吸收在非附件I缔约方国家REDD的要求中。根据京都议定书3.3条款规定，附件I缔约方需要报告来自林业土地利用变化的排放，这包含造林、再造林和毁林活动产生的碳储量净变化，而在第一承诺期，附件I缔约方必须报告土地利用变化，附件I缔约方可以应用京都议定书3.4条款关于当前仍在使用的土地利用分类进行报告(林业主要是关于森林管理)。

REDD的理念是通过给非附件I缔约方积极的刺激来促使他们自愿减少土地利用部门的排放，最终的目的是处理GHG排放源。在附件I缔约方这些问题是如何处理的呢？京都议定书的3.3和3.4条款间接地提供了积极的刺激：如果在土地利用分类中增加他们的碳储量，他们能够减少在京都议定书中为每一附件I缔约方规定的减排目标和所涉及的不同部门的排放：工业、交通和土地利用变化。如果一国能够证明土地利用是一个汇，那么他就可以补偿其他部门排放的份额。由于未给非附件I缔约方设定减排目标，不会限定他们的经济发展，这就会导致与国家部门减少这些国家土地利用部门排放目标一致的需求(国家参考率或基准*)。本文不包括这些是如何被定义的，这些最终需要基于合理的科学背景信息进行政治协商。然而，因为他们集中于专门的国家形式，将包括土地利用变化的源和汇(3.3条款)以及仍然是土地利用分类的碳储量变化，包含土地退化(3.4条款)。

附件I缔约方同意的和LULUCF相关的碳储量变化的方式可以作为全面理解REDD机制设计蓝图的方式。反之，逐步的或者阶段的途径将允许减少范围开始，这个范围集中在相对容易监测的土地利用变化(毁林和造林)，这就提供了能够安置定量化森林碳储量变化的监测体系的时间，这些森林被开采，但是并没有超过国家森林定义的范畴。REDD的参与方式是自愿的并且通过积极的鼓励开发方式。

至今，谈判的争端还是围绕着诸如监测的可行性等技术问题上，这些技术问题确实提出了一些挑战，尤其是森林退化有必要关注的时候，因为森林退化也导致了森林碳储量的变化。附件I缔约方的经验显示精确的测量碳储量变化是非常困难的，报告的精确性使得努力和成本都在增长。这种争论过去建议在土地利用变化中限定REDD和忽略退化，因为土地利用变化可以通过现有的遥感技术进行侦测。监测碳储量变化要求地面的情景，这些可以通过清单或者样地来完成。精确度和保护数据是开发合理政策的基础。

处理技术的挑战是非常明显的，但是这些活动不能阻止早期的行动。为监测和报告条款3.3和3.4，考虑到数据的质量和可利用性，IPCC开发了一个合适的途径——层级方法。在改良的表格内，也可以被发展中国家应用：这将影响到一个国家的碳信用，在初级阶段的时候国家可以接收，只报告土地利用变化(所谓的保育方法)。改善数据质量和监测，比如通过安置持久的森林清单可以导致减少折扣率的更高阶段。只有完成这些，那么南-南(South-South)和南-南-北(South-South-North)合作才会有潜力可言。

考虑到监测和报告的技术障碍，土地利用变化的计量应该是参与条件的最小化。监测和报告森林的碳储量应该是一个目标并且对附件I缔约方来说在2012年后应该作为一种选

---

* Can be used as so called "no loose" target, which means, there is no penalty, when the target is not met. However, once Non Annex I countries have received benefits, e. g. by selling carbon credits, there should be liability in order to ensure the permanence of the emission reductions. There are several options to securitize liability, e. g. by creating buffers or an insurance mechanism

项被处理。然而，应该迫使参与方使用安置适当的监测体系的时间并且让他们在随后的承诺期内报告碳储量变化。

参考文献

[1] D. Schoene and M. Netto：The Kyoto Protocol：what does it mean for forests and forestry? In：FAO, Unasylva 222, Vol. 56, 2005；http：//www. fao. org/docrep/009/a0413e/a0413E02. htm

[2] Sheila Wertz-Kanounnikoff (IDDRI)；Reducing emissions from deforestation and degradation in developing countries (REDD)：Insights from the UNFCCC COP – 13 in Bali；www. iddri. com/Publications/Collections/Idees-pour-le-debat/id_ 0712_ Wertz_ Bali_ REDD. pdf

[3] http：//unfccc. int/resource/docs/2007/cop13/eng/06a01. pdf#page =3

[4] Policy approaches and positive incentives on issues relating to reducing emissions from deforestation and forest degradation in developing countries；and the role of conservation, sustainable management of forests and enhancement of forest carbon stocks in developing countries

[5] Global Mapping of Greenhouse Gas Abatement Opportunities up to 2030；Forestry sector, deep dive：http：//www. vattenfall. com/www/ccc/ccc/Gemeinsame _ Inhalte/DOCUMENT/567263vattenfall /P0272862. pdf more reports of Vattenfall can be downloaded here：http：//www. vattenfall. com/www/ccc/ccc/577730downl/index. jsp

[6] http：//www. norway. or. id/policy/environment/stoltenberg_ bali_ 07. htm

[7] Pistorius et al.：Beyond RED – Maximising country participation and bridging the gap between Annex-I and Non-Annex I countries；draft；unpublished

通过可持续的森林管理活动减缓气候变化的影响

Rolf Krezdorn *

摘要：本文预测了气候变化对越南的影响，描述了政府减缓气候变化的策略和对气候变化的适应。文中进一步提出了对越南林业部门的看法，认为越南在减缓气候变化过程中作用巨大。越南和德国正在进行林业项目合作，开展了减缓气候变化、提高森林质量等方面的活动。最后，陈述了当前越南有关气候变化问题的争论。

关键词：减缓策略；适应；可持续森林管理；项目；越南

1 气候变化对越南的影响预测

越南是易受气候变化影响的国家之一[1]。越南沿海地带特别是北部人口稠密，红河三角地带和南部的澜沧江地带易受到海平面上升的威胁。海平面上升 1m 将会淹没 40000km^2 三角洲，并且澜沧江三角洲将被完全淹没在水中。到 2070 年，越南的平均气温将从 1.5℃ 上升到 2.5℃。旱涝、台风等自然灾害频发，这不可避免地影响到农民的生活和进一步加重粮食危机。

2 减缓和适应气候变化影响的政府对策

为对气候变化做出响应，政府部门启动了国家气候变化目标计划（National Target Programme on Climate Change，NTP－CC）[2]，由自然资源和环境部作为领导部门，和其他相关部委相结合的方法推动特殊部门的 NTP－CC 和区域行动计划，这些需要到 2010 年开始贯彻执行。2006～2020 年国家林业发展策略（NFDS）将为减缓气候变化和林业的适应性提供框架，国家林业发展策略的目标包括：到 2020 年森林覆盖率由目前的 38% 提高到 47%；森林生产有 30% 获得认证；促进流域、沿海和城市保护，减缓自然灾害，控制侵蚀和保护水资源；通过 CDM 项目和生态旅游使得森林服务价值达到 20 亿美元，缓解贫穷和减少贫困人口。

* Rolf Krezdorn. GTZ Chief Technical Advisor for Sustainable Natural Forest Management and Forest Management Certification, Vietnamese－German Forestry Programme. E-mail：rolf.krezdorn@gtz.de

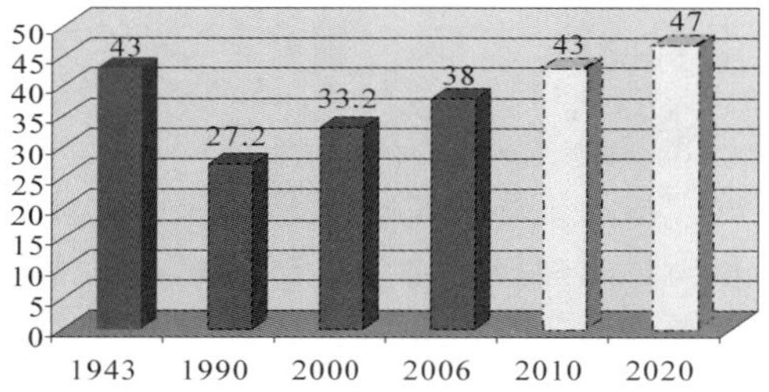

森林覆盖率(%)

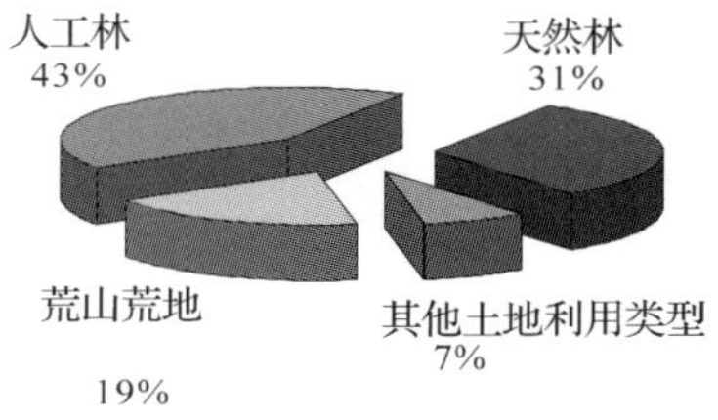

2006 年土地利用

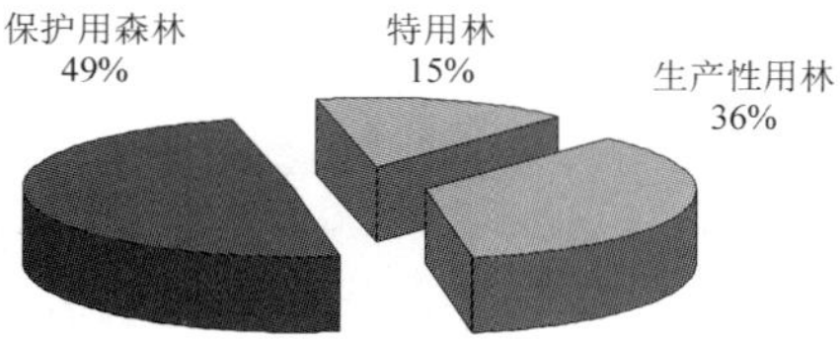

越南林业类别

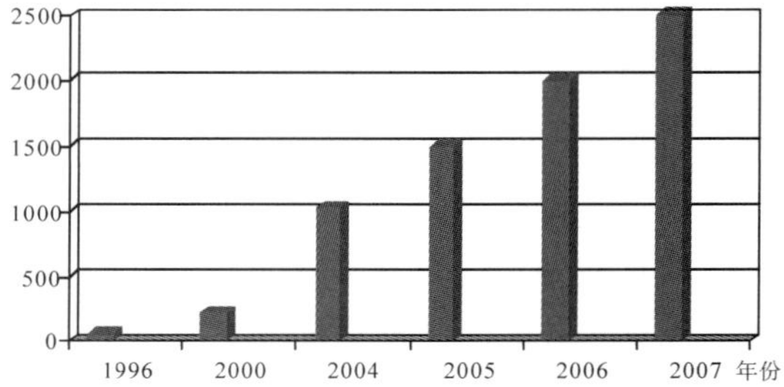

木材产品的出口额

越南的森林覆盖率从 1943 ~ 2020 年的变化如图所示，2006 年森林面积是 $12.8\times10^6hm^2$，其中天然林占 82%。森林分为防护林(41%)、生产林(42%)和特殊用途林(17%)①。为提高森林覆盖率到 2010 年达到 43% 和满足国家对原材料的快速需求，1998 年政府启动了“500 万公顷再造林项目”。国内总共有 353 家林业国企管理着国家的国有天然林生产，目前是集体和平均化的方式进行处理。严格限制商业性采伐，每年由省给国家林业企业下达采伐限额，在一些地区还要对采伐征税。到 2005 年底，森林总森林为 8.13 亿 m^3，其中 94% 来自天然林，天然林和人工林的平均材积分别为 76.5 m^3/hm^2 和 40.6 m^3/hm^2。这表明越南的人工林和天然林的生产力非常低。虽然越南的森林面积在不断增加，但是由于非法的土地转化和非法的采伐造成天然林的退化和生物多样性的减少。在 1999 ~ 2005 年资源丰富的天然林面积减少了 10.2%，中等的森林面积减少了 13.4%[4]。林业部门对国家 GDP 的贡献从 2000 年的 1.3% 下降到 2005 年的 1.2%，然而森林工业却在快速发展。木材产品出口额从 2004 年的 10 亿美元增长到了 2006 年的 20 亿美元，估计 2007 年达到 25 亿美元。

3 越南和德国林业项目与减缓气候变化影响的相关性

越南和德国林业合作项目通过引进和促进最好的可持续森林管理和利用来支持越南政

① Special use forests are defined in the Vietnamese Forest Protection and Development Law as forests that are “mainly used for the protection and conservation of nature, scientific research, protection of historic sites, culture and tourism”.

府完成国家林业发展战略。该项目由三部分组成：一是可持续的天然林管理和认证；二是林产品的处理、贸易和市场；三是林业政策。项目提供了一种直接和可测量的概念和途径，以减缓气候变化，以下是相关的活动。

3.1　多功能的森林管理规划

当建立森林管理单元，通过 GIS 分析和论题调查（森林管理的动植物和社会影响）的帮助下确定社会、环境和经济林功能。处理过程中，标注的关键点需要严格保护或者按规定进行特殊的管理。绘制森林功能地图决定森林的生产和保护功能，进一步来讲，河流的缓冲带、峭壁的斜面和生产地带的其他关键区域将被除去，因而可以确定净生产区域。经生产区根据斜面和其他特征又被划分为木材生产区和受限木材生产区域。根据绘制的森林功能图、森林带和森林管理清单做出管理规划，管理中包括林带和其他内在森林功能的特殊管理规定。

计划可持续的森林管理程序是标准的程序，然而，描述程序有一个直接的减缓效果，由于关键（临界）点的保护和相关的环境功能诸如土壤和水保护以及森林生物多样性保护的维持。为监测定量基线的确定和在特定区域森林资源定性变化，绘制的森林功能图、样带和森林清单提供非常相关的信息。基线的确立具有碳基金的先决条件，比如世界银行的森林碳伙伴基金（World Bank Forest Carbon Partnership Facility）。

3.2　减少对采伐的影响

减少对采伐影响的目的是最小化森林采伐作业对森林资源和环境（土壤、水和生物多样性）的负面影响，减少对采伐作业影响的目的是维持并提高森林的生产能力。从减缓的角度来看，减少对采伐作业的影响通过天然更新有助于增加森林碳蓄积能力。

3.3　森林管理认证

项目支持越南森林管理委员会认证的国家标准（比如，站点特殊指标的发展和在森林管理委员会的原则和标准框架下执行可持续森林管理）和森林管理单元的应用。如果适当地理解，森林管理委员的原则 6（环境影响）和原则 9（高保护值森林的维持）保证森林资源以所有的森林服务的方式管理，这包括维持减缓气候变化相关的服务。

3.4　提高木材采伐的回复率和处加工理中的回收率

越南木材采伐和处理是非常浪费的，回收率低，因此项目提供全面提高采伐质量和木材加工处理操作的培训，高的回收率能够有助于增加碳固定。

3.5　提高木材和非木产品的质量和耐久力

项目和 WWF 越南森林贸易网络成员合作确定了一个木材处理和发展中心并且提供木材处理者和中层管理者的实践操作能力。项目和木材处理企业合作提高质量管理体系，质量更好的木材和非木产品有更长的耐久力，这将提高碳固定。

3.6　减缓气候变化主流

项目通过支持越南政府准备和更新森林立法、政策、战略和行动计划，这和国家减缓和适应气候变化的目标合作，有助于减缓气候变化的主流。

4 越南当前气候变化的问题

意识到越南对气候变化影响的脆弱性，政府给予了国家气候变化目标项目最高的政治优先权。越南林业部门在完成减缓和适应气候变化国家目标发挥了重要的作用。森林在土壤和水、生物多样性保护、防洪、保护沿海地区和碳蓄积方面起着关键的作用。国家林业发展战略的目标是可持续的森林管理和森林管理认证。挑战即将为可持续的森林管理创造一个有益的框架以便于阻止森林退化的继续和维持减缓气候变化功能的基本森林功能。这就要求相当大的努力，尤其是：

为监测定量国家基线和森林资源特别是天然林资源的数量变化的确立；合适的减缓和适应气候变化的基金措施的机制的提供；确保依靠社区和农村贫民的有益的机制的确立，这种机制受益于森林的可持续管理和减缓气候变化；为成功地执行国家林业发展战略在不同水平上的能力建设。

虽然森林可持续管理不是一个新概念，但是对于减缓气候变化的影响有很高的潜力。正因为如此，尽管有气候变化的挑战，可持续的森林管理仍然能够为可持续发展提供一个坚实的基础。

参考文献

[1] The Impact of Sea Level Rise on Developing Countries: A Comparative Analysis. World Bank Policy Research Working Paper 4136, February 2007

[2] 4th Draft National Target Programme to Respond to Climate Change, Ministry of Natural Resources and Environment (MONRE), Hanoi March 2008

[3] National Forestry Development Strategy 2006 ~ 2020, Ministry of Agriculture and Rural Development (MARD), February 2007

[4] Vietnam Sector Indicators and Baseline Data Report 2005, MARD, Forestry Sector Support Partnership (FSSP)

日本复层林推广

Fusho OZAWA *

摘要：本文介绍了复层林在日本的推广和发展；复层林有着加强森林功能、维持土壤肥力，解决劳动力短缺、延长采伐期限和提高森林蓄积量的作用；作者又以Imabari、Shikouku和马来西亚的Perak为例介绍了复层林的发展并对复层林的功能进行了说明；最后，作者认为复层林有着良好的社会和环境功能，因此在以后也将继续得到推广。

关键词：复层林；可持续森林管理；项目；前景；环境

1 前言

日本土地2/3是林地，其中41%的林地是人工林。为强化森林的功能，日本政府和林业部门开始推广复层林。

政府的基本林业计划如下(单位为：万 hm^2)：

	2005	2015	2025	最终目标
人工复层林	90	120	170	680
人工单层林	1030	1030	1020	660
天然林	1380	1350	1320	1170
合计	2510	2510	2510	2510

2 复层林储量高生长和适当轮作的目的

每一国家应该根据他们的责任背景善于处理可持续的森林管理。复层林的管理可以作为一种维持土壤肥力、解决劳动力短缺和延长采伐年限的途径。尽管由于土地分级和立地较好，近来在一些地区采伐年龄改变为80～100年，但是日本的标准砍伐年龄是40～50年，由于对大径材的需求和克服目前的木材价格的低廉，应该推广复层林。复层林具有高的蓄积量，可以协调木材供应的多种功能，保护环境、碳吸收和防止旱涝的发生。蓄积量高的复层林通过适当的轮作可以实现动态的林业不会减少基本蓄积量。对于蓄积量低的森林择伐、包括带状择伐是必须的，10～20年采伐周期是适合有效的轮伐。

3 复层林的案例简介

(1) 在Shikoku岛的Ehime辖区Soja-gawa河盆地的森林：这片森林是大约100年以前种植的，在过去的10年里，推动了开放的立地体系。一旦开放的立地体系引入，低层林种植将被推动，并且实践正在继续，未来将会有2500hm^2的复层林被成功的确立。

---

* Fusho Ozawa，日本海外林业顾问协会，E-mail：fuozawa@ab. mbn. or. jp

（2）Shikoku 国有林的复层林发展：在国有林体系，介绍了许多新的复层林，这里介绍的是国有林体系中最早的人工复层林。森林位于 Shikoku 的 Kochi 辖区，上层林是在 1811 年种植，低层林是在 1934 年种植，最大的日本柳杉（*Cryptmeria japonica*）胸经 154cm，高 44m。森林面积仅为 1.42hm^2，但是为复层林预测提供了珍贵的资料。

（3）1982 年，一些林业机构工作人员首次建立了保护水源和防止土壤侵蚀的示范林。1983 年设计了 4 个示范林和实施改进了复层林。其中一个示范林是在 Kyushu 的 Fukuoka 辖区，第二个是在 Honshu 的 Gifu 辖区，这两个示范林每一个都覆盖了 600hm^2，同样有预防灾害发生并且注意到了复层林保护水源的效果。

4 复层林在 Shikoku 的 Imabari 市的详细资料

在 Soja-gawa 河流盆地的 Imabari 市的人们经常遭受旱涝灾害。以前 2500hm^2 的林地退化，当地社区在 1891 年开始合作并在 1903 年开展再造林活动，目的是控制水土流失和开发社区财富。目前，70% 的被授权的林地通过合作再造林。在 1987 年，通过转化统一的人工林到具有混合种的复层林结构，进一步改善他们的保护能力同时也提高他们的生产力、再创造和教育的能力。为推动这项挑战性的工作，包括人工林的生长模型和传统的复层林管理实践，研究人员开展了更大范围的研究。转化和再造林活动的主要驱动机制是合作，通过司法基础来委托集体林管理。合作不仅是将当地社区的意愿综合起来并付诸实践，还要建立一种制度，通过人工林协议利益共享，并且把公共林付诸管理实践。超过 431hm^2 的公共林被转化。

在以上体制框架下，建立了可用的私人和公共基金，在财力紧缺的情形下，合作进入得益于当地制度下的共享人工林协议，诸如当地政府、学校和青年俱乐部。人工林转化成复层林，国家和当地政府部门在申请指定保护林的保护专有项目要提供补助。自从在当地有较好经验的的农民启动项目，当地的社区已经维持了近一个世纪。最近的研究者完成了新的发展，这些研究者提供了复层林管理多种合作研究结果。

最近 Imabari 森林被 FAO 作为一个优秀管理的森林；在 2005 年 Imabari 市、Tamagawa 镇和 Asakura 村庄建立了一个新的 Imabari 市，同时合作社被解散，合作森林由市政管理，新的 Imabari 市继承了森林管理的原则，包括推动复层林的发展。

5 复层林的未来展望

（1）马来西亚的 Perak 州，通过和日本国际合作机构（Japan International Cooperation Agency，JICA）开展国际合作项目促进了当地的复层林发展，项目的目的是在热带的人工林和天然林中建立复层林结构。希望复层林能够推广到热带森林包括天然林和人工林。

（2）合理的环境技术：复层林管理以择伐作业为特征，相当一定程度上减少采伐对土壤和生态系统的影响，从而使水和土壤更加稳定。现存人工林等大范围的管理包括日本产铜复层林的管理实践已经提供了一个全面的研究机会。生长模型的知识水平、密度控制和采伐技术已经达到了一定的阶段，这些研究结果共同的应用于复层林的发展。

中国农林业和其他土地利用部门碳金融项目的机遇

Timm Tennigkeit *

1 温室气体排放现状

1.1 中国 1961 ~ 1990 年的温室气体排放源和未来 2070 ~ 2099 年的气候变化

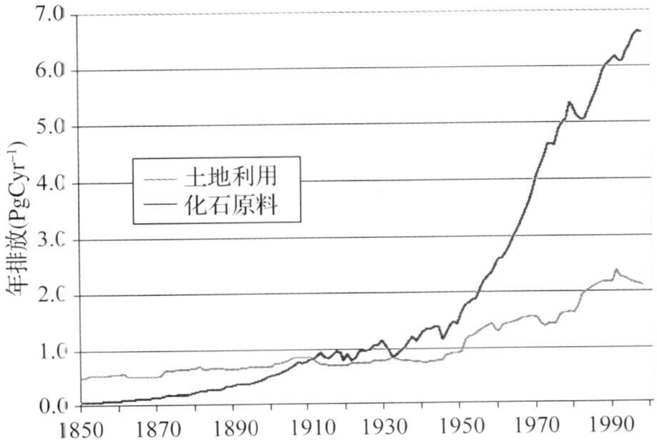

来源：Houghton，2006

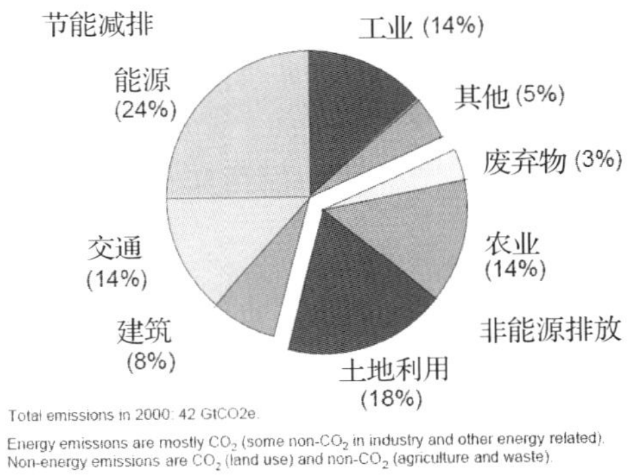

来源：IPCC，2007

	温度升高（℃）		降水增量（mm）	
青藏高原	-1.45	4.15	412	558
北京－东北地区	2.73	8.89	482	573
西北地区	6.06	12.08 *	135	161
中部地区	9.49	14.48 *	741	887
中南部地区	17.5	21.27	1，310	1，442

* 农业最理想温度范围 12 ~ 14℃，来源：Cline，2007

* Timm Tennigkeit：Kunming Institute of Botany，Chinese Academy of Sciences. E-mail：timm@ mail. kib. ac. cn

1.2 全球的温室气体排放大国

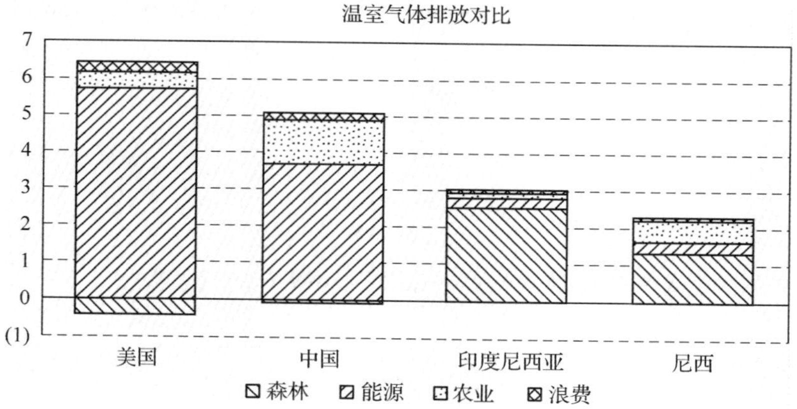

2 碳市场

2.1 2005～2007 年的碳市场：减排交易

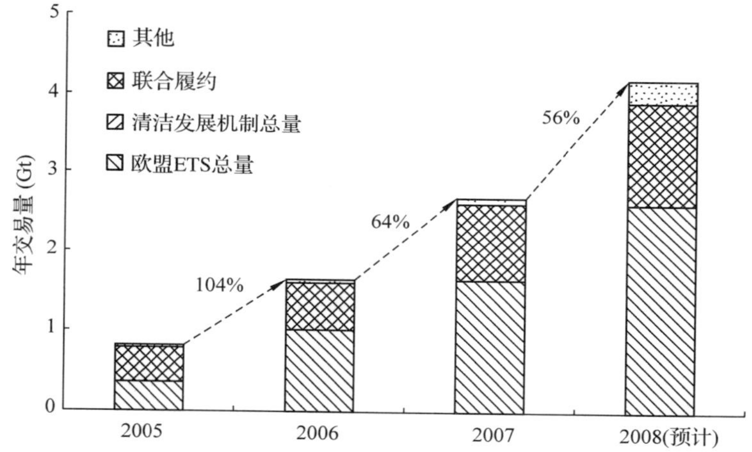

2.2 2007 年的 CDM 项目区域和项目活动

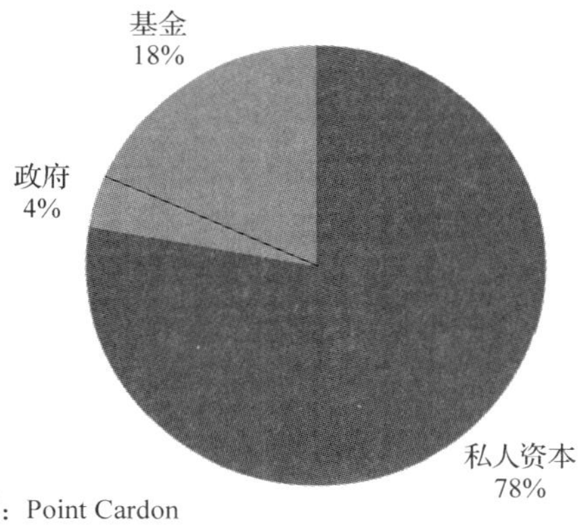

来源：Point Cardon

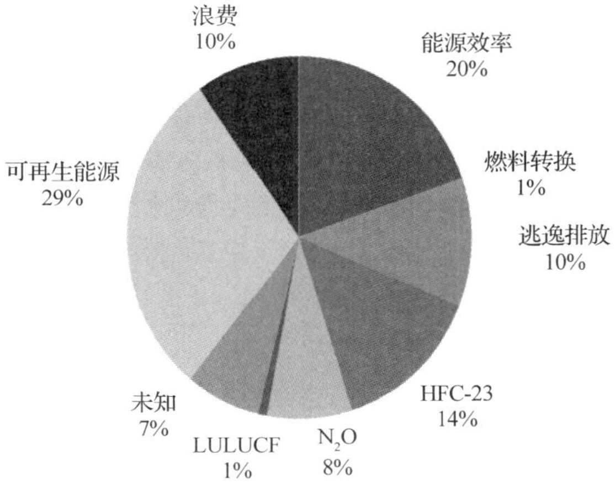

2.3 在 2008 年 CO_2 的碳价格遵从并且自愿的碳信用

来源：Ecosystem Market Place 2008

2.4 土地利用项目的不同碳抵消市场片段的对比：遵守京都议定书、自愿碳市场和贸易体系

特征	遵守京都议定书的 CDM 市场	自愿碳市场	国家/项目贸易体系
调整框架	UNFCCC	自愿碳标准，(CCBA)	据利贝曼－华纳议案和澳大利亚的美国进展
2007 自愿排放贸易	947 Mt/CO_2e	75 Mt/CO_2e	1.
合格的土地利用	AR	AR，REDD，Agriculture	AR，REDD and Agriculture
土地利用项目份额	< 1%	36 % (3.5 Mt/CO_2e)	2.
中国林业适当性	AR 项目	AR/REDD 项目的额外费用	森林管理的潜能基金

2.5 自愿遵守市场的碳标准

标准	项目类型	Volume 量	登记注册
清洁发展机制(CDM)	All minus REDD, new HFC, nuclear large	是	
黄金标准	EE, RE only	small but growing	计划
自愿碳标准(VCS)	All minus new HFC	new; likely to be large	计划
VER +	CDM minus large hydro	虽小但增加	是
气候、社区和生物多样性标准(CCB)	森林	4 个验证项目	n/a
Chicago Climate Exchange (CCX)	All	美国量大	是
Greenhouse Gas Protocol from WRI	All	n/a	n/a
NS Wales GHG Abatement Scheme (GGAS)	EE, RE , AR	新的; 可能大	计划
California Climate Action Registry (CCAR)	All CDM	新的; 可能大	计划
Regional Greenhouse Gas Initiative (RGGI)	All CDM	新的; 可能大	计划

来源: WWF 2008, others

2.6 项目类型的合格标准

京都议定书规则下林业碳项目 - 从非林转化为森林是唯一合格的。中国清洁发展机制(CDM)森林定义: 面积大于 0.067hm^2, 树冠覆盖大于 20%, 树高潜力达 2m;

减少其他温室气体的蓄积项目, 比如甲烷和氧化氮是合格的项目, 但是方法学不存在;

采纳建议的方法学一直是首选, 但是也建议新方法或模型(目前有 10 个 CDM 方法学可以利用, REDD 和农业项目的方法学由世行和其他开发);

确保项目的持久性;

项目确立前, 不超过基线活动的 25% 应该被清除到引起碳泄露的周围区域;

额外性, 项目与通常情景不同, 并且由于碳项目组成的可用性仅被执行。已经采纳的农用林和 SLM 活动和额外性标准不一致, 因此不是合格的 CDM 项目。

3 现存的规则手段目的是吸收碳或减少温室气体排放

在联合国沙漠化公约下退耕还林(草)项目(Green for Grain Program, SLCP)将生态脆弱带坡度超过 30°的农田转化为林地或者草地;

联合国保护生物多样性公约下湿地恢复;

由于建设工程和开矿等使得土地退化, 恢复退化土地用于农业、增加这些退化土壤的碳储量;

土壤可持续项目;

区域农业发展项目——提高土壤 C 碳储量;

水质量项目控制非点源污染;

为大气质量立法——禁止秸秆燃烧, 可以减少 GHG 排放;

"镇区企业"和"生态市政"——减少废物丢弃、化学肥料和杀虫剂的使用(Smith et al., 2007)。

4 结合减缓和适应温室气体项目

农民可能最易受到气候变化的影响但是他们的对气候变化的作用可能是巨大的，这证明他们是适应基金的主要受益人；

在许多适应案例措施中的农林业和其他土地利用(AFOLU)部门减缓活动；

将温室气体减缓和适应项目结合起来减少交易成本。

5 中国 CDM 项目

5.1 促进珠江盆地的广西流域管理的再造林(CDM 方法：AR－AC0001)

2006 年第一个也是唯一注册的 CDM 造林和再造林项目被 TüV SüD 确认，造林树种选择松树、橡胶树和桉树等树种，项目的开发者包括个体农民、林场和发展公司；项目的区域位于广西木伦十万大山国家级自然保护区附近的环江县，面积 4000hm^2，预计到 2017 年将会吸收 650501tCO_2，资助者和买方是世行生物碳基金，碳蓄积模型的采伐体系(如图)。

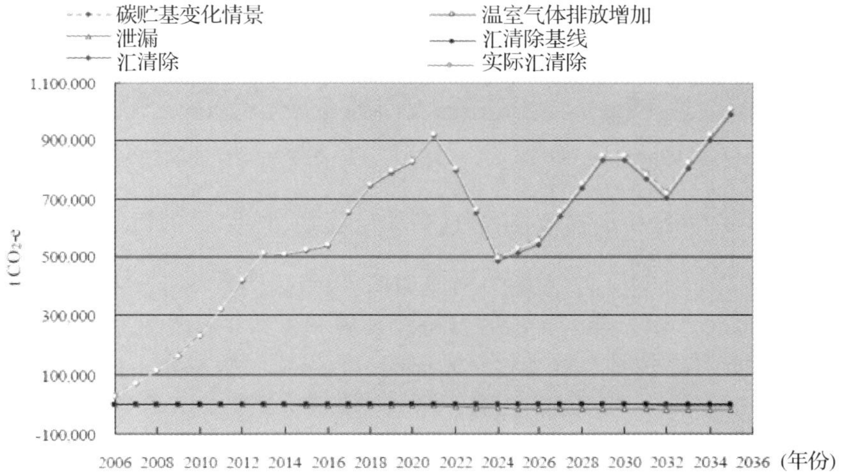

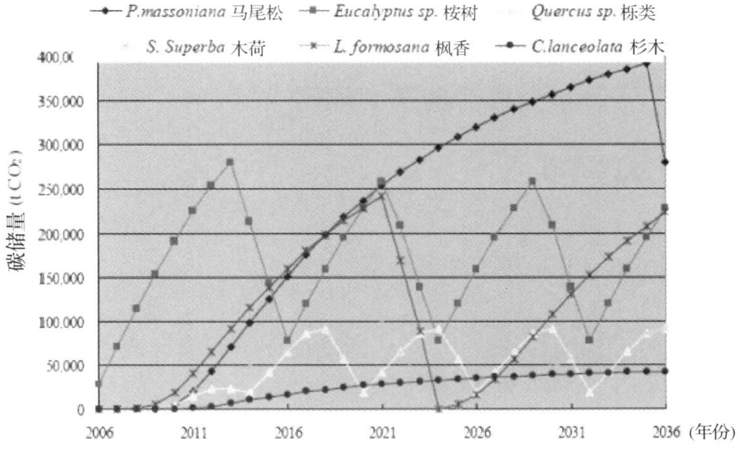

来源：Project PDD

5.2　中国西北部敖汉旗的防治沙漠化造林项目(CDM 方法：AR－AM0006)

项目是和意大利合作在内蒙古敖汉旗西北部严重沙化的土地的 8 个林场营造 3000hm^2 的防风固沙林，造林树种为杨树和踏郎(*Hedysarun wongolicum* Turcz)，采用三种带状混交方式 ，踏郎在 5 年后作为饲料被砍伐，预计在 20 年的计入期内将产生约 11.4 万 t CO_2 当量的临时核证减排量，年均约 5700 tCO_2 当量。

4 年生杨树和踏郎间植

2.5 年生杨树和踏郎和豆类间植

5.3　云南腾冲的景观恢复小规模造林项目(自愿市场 CCBA 认可的黄金比率)

在保护国际(CI)和美国大自然保护协会(TNC)以及云南省林业厅共同倡导的森林多重效益(FCCB)项目框架，森林碳汇，社区可持续发展和生物多样性保护的综合效益，将营造 476.14hm^2 的混交林，树种都是秃杉、光皮桦、云南松、桤木乡土树种，计入期 30 年，共吸收 17 万 t 以上 CO_2，年均 5700t 左右，减排的买方是 3M USA。

基于 CDM 项目的造林和再建框架的环境和社区：方法学开发和案例研究：开发可持续的造林、再造林 CDM 林业项目的工具箱：样点的预选模型、土地适宜性模型、决策支持体系、CDM 造林/再造林开发者清单、技术说明和政策简介和乌干达、玻利维亚和厄瓜多尔 3 个项目的开发和购买减排协议的签署。

6　中国的 AFOLU 项目和金融活动及其障碍

6.1　中国的 AFOLU 减缓选项

考虑基线情景的碳计量

碳储量变化 = 活动数据 × 排放因子

排放因子 = 缺省值 － 基线

活动数据：采纳的可持续森林管理/SLM 活动面积，以公顷表示；

排放因子：每年 CO_2 净减少公顷数；

缺省值：每一可持续土地管理实践每年每公顷 CO_2 的总减缓潜力。

一般选项	项目活动	蓄积/减排潜力指标
碳蓄积	造林/再造林	未用的土地245 mio hm^2，一些土地对林地不适用
	包括农用林的可持续的林地管理(SLM)	种植面积130 mio hm^2
	森林恢复或重建	林地面积163 mio hm^2 中国平均地上部分生物量是 100tCO_2/hm^2，德国是：340tCO_2/hm^2
减排作用	可持续的森林管理	
	减少毁林	净增加180 000 hm^2/year (每年净增面积0.3 mio hm^2, 1990－2003)
	火管理	0.9 mio hm^2/a
替代作用	林产品和生物量的可持续利用	农村有55 % 能源消费是基于薪材/农作物剩余物 n2003年的净进口是80 mio m^3)

来源：FAO 2006, IFFN 1995, Int. Forest Review 2004, NBS, others

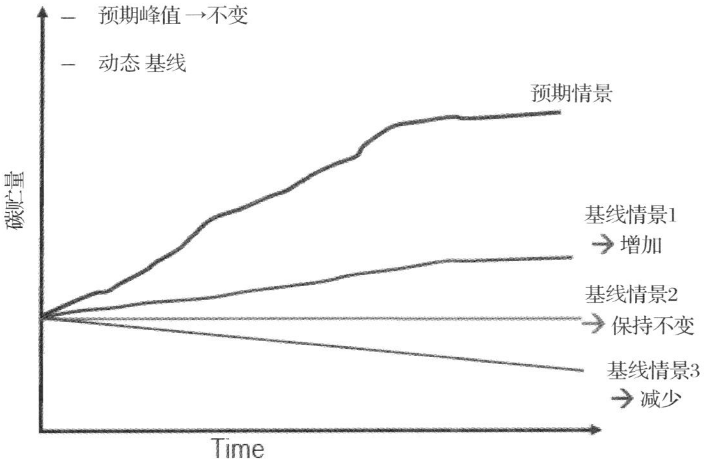

1949～1998年森林生物量碳储量

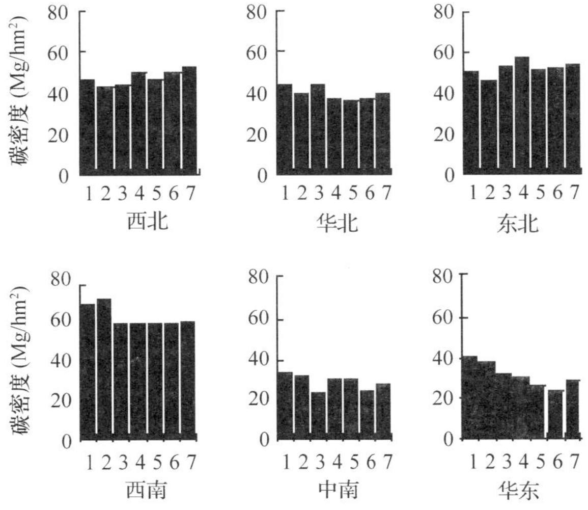

中国碳密度的时空分布

1 ~ 7 的数据分别代表了 1949, 1950 ~ 1962, 1973 ~ 1976, 1977 ~ 1981, 1984 ~ 1988, 1989 ~ 1993 和 1994 ~ 1998 的数据。来源：Fang et al. in Science 2001.

6.2 中国农业和土地利用(AFOLU)部门有希望的碳金融活动

(1)景观水平的农用林和可持续的林地管理项目；
(2)森林再建项目；
(3)西藏牧场项目；
(4)综合土地利用和生物能项目。

6.3 项目设计特征

项目：项目边界或项目活动区；项目期的碳库测量；
基线：没有项目的排放(不变或动态基线)；
额外性：为何项目不是平常的事件(障碍分析)；
泄露：项目边界外的排放；
持久性：CO_2 汇和源项目的土地利用体系必须示范持久性和减少风险；
监测计划：透明性和可信度。

6.4 项目发展活动要求确立一个碳金融农用林和 SLM 项目

过程	描述
可行性评估	— 技术和金融可行性、风险管理、项目点选择等；
项目开发 EIA+ERPA+PDD	— 基线调查、方法学选择、合法合同、EIA 和金融；
主持国支持选项 （NDA）	— 可持续评估和从政府获得的证书；
确认和注册	— 起草项目设计书（PDD）和方法学评估获得权威认证；
项目执行	— 开始运作，比如种植树木、引进覆盖和控火体系；
监测、确认和支付	— 碳监测和证明者的证明（5 年间隔期支付核证-交付）
核查/核证	

6.5 项目执行障碍

框架规则：Cap 和贸易体系，2012 年后的气候协议；

金融和经济规模比如目前不支持项目生产不少于 25000 ~ 50000 t CO_2/y 年；对社区而言，立足于碳金融项目土地和碳集中机制比如开展合作社；扩展支持采纳提议活动的能力；清单和监测的能力，样点碳金融机遇的专家经验和开发碳资产。

7 结论

（1）中国可以通过多种措施减少温室气体排放，比如 cap 和贸易体系、税收和规则调整(排放或效率目标)，cap 和贸易体系能够起到杠杆作用调整对林业部门的投资；

（2）AFOLU 项目的碳金融目前主要是国际水平上(CDM 和自愿的碳市场)，然而，包括国家市场(比如绿色碳基金)，提供给项目开发者的减排价格尺度还小；

（3）中国是京都碳金融市场的主体，但是目前仅存在一些 AFOLU 项目和非部门的方法；

（4）碳抵消项目提供未来选项来支付其他环境服务补偿(PES)和开发一系列 PES 项目；

（5）中国有权调节在后京都协议中包括更多的 AFOLU 项目活动；

（6）AFOLU 碳金融示范项目有必要论证额外性和金融的可持续性。

中国应对气候变化国家方案

李丽艳*

气候变化是国际社会普遍关心的重大全球性问题。气候变化既是环境问题，也是发展问题，但归根到底是发展问题。《联合国气候变化框架公约》(UNFUU，以下简称《公约》)指出，历史上和目前全球温室气体排放的最大部分源自发达国家，发展中国家的人均排放仍相对较低，因为满足其经济和社会发展需要。发展中国家在全球排放中所占的份额将会增加。《公约》明确提出，各缔约方应在公平的基础上，根据他们共同但有区别的责任和各自的能力，为人类当代和后代的利益保护气候系统，发达国家缔约方应率先采取行动应对气候变化及其不利影响。《公约》同时也要求所有缔约方制定、执行、公布并经常更新应对气候变化的国家方案。

中国作为一个负责任的发展中国家，对气候变化问题给予了高度重视，并根据国家可持续发展战略的要求，采取了一系列与应对气候变化相关的政策和措施，为减缓和适应气候变化做出了积极的贡献。作为履行《公约》的一项重要义务，中国政府特制定《中国应对气候变化国家方案》(以下简称《国家方案》，本方案明确了到2010年中国应对气候变化的具体目标、基本原则、重点领域及其政策措施。中国将按照科学发展观的要求，认真落实《国家方案》中提出的各项任务，努力建设资源节约型、环境友好型社会，提高减缓与适应气候变化的能力，为保护全球气候继续做出贡献。

国务院2007年6月3日召开了新闻发布会，并向公众公布了该方案，《国家方案》共分为五个部分，内容如下。

1 中国气候变化的现状和应对气候变化的努力

近百年来，许多观测资料表明，地球气候正经历一次以全球变暖为主要特征的显著变化，中国的气候变化趋势与全球的总趋势基本一致。为应对气候变化，促进可持续发展，中国政府通过实施调整经济结构、提高能源效率、开发利用水电和其他可再生能源、加强生态建设以及实行计划生育等方面的政策和措施，为减缓气候变化做出了卓越的贡献。

1.1 中国气候变化的观测事实与趋势

在全球变暖的大背景下，中国近百年的气候也发生了明显变化。中国年平均气温升高了0.5~0.8℃，略高于同期全球增温平均值，近50年变暖尤其明显。1986~2005年，中国连续出现了20个全国性暖冬。近50年来，中国主要极端天气与气候事件的频率和强度出现了明显变化；尤其1990年以来，多数年份全国年降水量高于常年，出现南涝北旱的雨型，干旱和洪水灾害频繁发生。同时，50年来，中国沿海海平面年平均上升速率为2.5mm，略高于全球平均水平；山地冰川快速退缩，并有加速趋势。

---

* 李丽艳，国家发展与改革委员会气候办公室。

1.2 中国温室气体排放现状

根据《中华人民共和国气候变化初始国家信息通报》，1994 年中国温室气体排放总量为 40.6 亿 t CO_2e(净排放量为 36.5 亿 t CO_2e)。据中国专家估算，2004 年中国温室气体排放总量约为 61 亿 t CO_2e（净排放量约为 56 亿 t CO_2e），其中 50.5 亿 t 二氧化碳，7.2 亿 t CO_2e 的甲烷和 3.3 亿 t CO_2e 的氧化氮。从 1994 ~2004 年，中国温室气体排放总量的年均增长率约为 4%。

在经济社会稳步发展的同时，中国单位国内生产总值(GDP)的二氧化碳排放强度总体呈下降趋势。1990 年中国单位 GDP 化石燃料燃烧二氧化碳排放强度为 5.47 kg CO_2/美元(2000 年价)，2004 年下降为 2.76 kg CO_2/美元，下降了 49.5%，而同期世界平均水平只下降了 12.6%，经济合作与发展组织国家下降了 16.1%。中国温室气体历史排放量很低，且人均排放一直低于世界平均水平。1950 年中国化石燃料燃烧二氧化碳排放量为 7900 万 t，仅占当时世界总排放量的 1.31%；1950 ~2002 年间中国化石燃料燃烧二氧化碳累计排放量占世界同期的 9.33%，人均累计二氧化碳排放量 61.7t，居世界第 92 位。2004 年中国化石燃料燃烧人均二氧化碳排放量为 3.65t，相当于世界平均水平的 87%、经济合作与发展组织国家的 33%。

1.3 中国减缓气候变化的努力与成就

作为一个负责任的发展中国家，自 1992 年联合国环境与发展大会以后，中国率先组织制定了《中国 21 世纪议程——中国 21 世纪人口、环境与发展》白皮书，并从国情出发采取了一系列政策措施，为减缓全球气候变化做出了积极的贡献。

第一，调整经济结构，推进技术进步，提高能源利用效率。1991 ~2005 年中国以年均 5.6% 的能源消费增长速度支持了国民经济年均 10.2% 的增长速度，能源消费弹性系数约为 0.55。中国万元 GDP 能耗由 1990 年的 2.68t 标准煤下降到 2005 年的 1.43t 标准煤(以 2000 年可比价计算)，年均降低 4.1%。按环比法计算，1991 ~2005 年的 15 年间，通过经济结构调整和提高能源利用效率，中国累计节约和少用能源约 8 亿 t 标准煤，相当于减少约 18 亿 t 的二氧化碳排放。

第二，发展低碳能源和可再生能源，改善能源结构。到 2005 年底，中国的水电装机容量已经达到 1.17 亿 kW，占全国发电装机容量的 23%，年发电量为 4010 亿千瓦时，占总发电量的 16.2%；2005 年中国可再生能源利用量已经达到 1.66 亿 t 标准煤(包括大水电)，占能源消费总量的 7.5% 左右，相当于减排 3.8 亿 t 二氧化碳。

第三，大力开展植树造林，加强生态建设和保护。中国人工造林保存面积达到 0.54 亿 hm^2，蓄积量 15.05 亿 m^3，人工林面积居世界第一。全国森林面积达到 17491 万 hm^2，森林覆盖率从 20 世纪 90 年代初期的 13.92% 增加到 2005 年的 18.21%。据专家估算，1980 ~2005 年中国造林活动累计净吸收约 30.6 亿 t 二氧化碳。

第四，实施计划生育，有效控制人口增长。自 20 世纪 70 年代以来，通过计划生育，到 2005 年中国累计少出生 3 亿多人口，按照国际能源机构统计的全球人均排放水平估算，仅 2005 年一年就相当于减少二氧化碳排放约 13 亿 t。

此外，中国政府在应对气候变化相关法律、法规和政策措施的制定，相关体制和机构建设，气候变化的科学研究和提高公众意识等方面也开展了一系列工作，取得了较好的效果。

2 中国的基本国情和气候变化对中国的影响

2.1 中国气候变化的基本国情

中国气候条件相对较差，自然灾害较重。中国主要属于大陆型季风气候，与北美和西欧相比，中国大部分地区的气温季节变化幅度要比同纬度地区相对剧烈，很多地方冬冷夏热，夏季全国普遍高温，为了维持比较适宜的室内温度，需要消耗更多的能源。中国气象灾害频发，其灾域之广、灾种之多、灾情之重、受灾人口之众，在世界上都是少见的。

首先，中国是一个生态环境比较脆弱和自然灾害频发的国家。2005 年，全国森林覆盖率仅为 18.21%，草地大多是高寒草原和荒漠草原，北方温带草地受干旱、生态环境恶化等影响，正面临退化和沙化的危机，土地荒漠化面积已经占到整个国土面积的 27.4%。中国大陆海岸线长达 1.8 万多 km，濒邻的自然海域面积约 473 万 km^2，面积在 $500m^2$ 以上的海岛有 6500 多个，易受海平面上升带来的不利影响。

其次，受资源禀赋制约，中国的一次能源结构以煤为主。2005 年中国的一次能源生产量中原煤占 76.4%，一次能源消费量中煤炭占 68.9%，石油为 21%，天然气、水电、核电、风能、太阳能等所占比重为 10.1%，而同期全球一次能源消费构成中，煤炭只占 27.8%，石油 36.4%，天然气、水电、核电等占 35.8%。由于煤炭消费比重较大，造成中国能源消费的二氧化碳排放强度相对较高。

第三，中国是世界上人口最多的国家。2005 年底中国大陆人口（不包括香港、澳门、台湾）达到 13.1 亿，约占世界人口总数的 20.4%；2005 年城镇人口占全国总人口的比例只有 43%，低于世界平均水平；随着城镇化进程的推进，目前每年约有上千万的农村劳动力向城镇转移。2005 年中国人均商品能源消费量约 1.7t 标准煤，只有世界平均水平的 2/3，远低于发达国家的平均水平。

第四，中国的经济发展水平仍较低。2005 年中国人均国民生产总值约为 1714 美元（按当年汇率计算，下同），仅为世界人均水平的 1/4 左右。中国地区之间的经济发展水平差距较大和中国城乡居民之间的收入差距也比较大。截至 2005 年底，中国农村尚有 2365 万人均年纯收入低于 683 元人民币的贫困人口。

2.2 气候变化对中国的影响

气候变化对中国的影响体现在农业、森林和其他如水资源、海岸带环境和生态系统等领域。此外，气候变化对人体健康、大中型工程项目建设、旅游业和能源供应等也将产生一些不利影响。

中国应对气候变化面临的挑战主要表现为对发展模式、能源结构、自主创新能力及农业、林业、水资源和海岸带等适应气候变化能力的挑战。

3 中国应对气候变化的原则与目标

中国应对气候变化的指导思想是：全面贯彻落实科学发展观，推动构建社会主义和谐社会，坚持节约资源和保护环境的基本国策，以控制温室气体排放、增强可持续发展能力为目标，以保障经济发展为核心，以节约能源、优化能源结构、加强生态保护和建设为重点，以科学技术进步为支撑，不断提高应对气候变化的能力，为保护全球气候做出新的贡献。

中国应对气候变化要坚持六项原则，即：在可持续发展框架下应对气候变化，遵循《公约》规定的“共同但有区别的责任”，减缓与适应并重，将应对气候变化的政策与其他相关政策有机结合，依靠科技进步和科技创新以及积极参与、广泛合作的原则。

到2010年，中国将努力实现以下主要目标：

(1)控制温室气体排放。实现单位国内生产总值能源消耗比2005年降低20%左右，相应减缓二氧化碳排放；力争使可再生能源开发利用总量(包括大水电)在一次能源供应结构中的比重提高到10%左右；煤层气抽采量达到100亿 m^3；力争使工业生产过程的氧化亚氮排放稳定在2005年的水平上；推广农业新技术，加大沼气利用力度等措施，努力控制农牧业甲烷排放增长速度；努力实现森林覆盖率达到20%。

(2)增强适应气候变化能力。力争新增改良草地2400万 hm^2，治理退化、沙化和碱化草地5200万 hm^2，农业灌溉用水有效利用系数提高到0.5；力争实现90%左右的典型森林生态系统和国家重点野生动植物得到有效保护，自然保护区面积占国土总面积的比重达到16%左右，治理荒漠化土地面积2200万 hm^2；力争减少水资源系统对气候变化的脆弱性，基本建成大江大河防洪工程体系，提高农田抗旱标准；力争实现全面恢复和营造红树林区，沿海地区抵御海洋灾害的能力得到明显提高，最大限度地减少海平面上升造成的社会影响和经济损失。

4 中国应对气候变化的政策和措施

按照全面贯彻落实科学发展观的要求，把应对气候变化与实施可持续发展战略，加快建设资源节约型、环境友好型社会和创新型国家结合起来，纳入国民经济和社会发展总体规划；一面抓减缓温室气体排放，一面抓提高适应气候变化的能力。中国政府将采取一系列法律、经济、行政及技术等手段，大力节约能源，优化能源结构，改善生态环境，提高适应能力，加强科技开发和研究能力、提高公众的气候变化意识，完善气候变化管理机制，努力实现《国家方案》提出的目标与任务。

在中国控制温室气体排放的政策措施方面，能源生产和转换、提高能源效率与节约能源、工业生产过程、农业、林业和城市废弃物是重点领域。其中，在能源生产和转换领域，通过加快水电开发步伐，预计2010年可减少二氧化碳排放约5亿t；通过积极推进核电建设，预计2010年可减少二氧化碳排放约0.5亿t；通过加快火力发电的技术进步，加快淘汰落后的小火电机组，预计2010年可减少二氧化碳排放约1.1亿t；通过大力发展煤层气产业，鼓励在煤矿瓦斯利用领域开展清洁发展机制项目合作等措施，预计2010年可减少温室气体排放约2亿t二氧化碳当量；通过推进生物质能源的发展，预计2010年可减少温室气体排放约0.3亿t二氧化碳当量；通过积极扶持风能、太阳能、地热能、海洋能等的开发和利用，预计2010年可减少二氧化碳排放约0.6亿t，通过增强林业碳汇，碳汇数量比2005年增加约0.5亿t二氧化碳；在提高能源效率与节约能源领域，积极推进燃煤工业锅炉(窑炉)改造、区域热电联产、余热余压利用、节约和替代石油、电机系统节能、能量系统优化、建筑节能、绿色照明、政府机构节能、节能监测和技术服务体系建设等十大重点节能工程的实施，确保工程实施的进度和效果，尽快形成稳定的节能能力，通过实施上述十大重点节能工程，预计“十一五”期间可实现节能 2.4 亿 t 标准煤，相当于减排二氧化碳约 5.5 亿 t。“十一五”期间，在工业生产过程、农业、林业和城市废弃物管理领域也将采取一系列切实可行的政策措施，做到在可持续发展框架下努力控制温室气体排放。

在适应气候变化的政策措施方面，农业、森林和其他自然生态系统、水资源、海岸带及沿海地区是重点领域。其中，在农业领域要继续加强农业基础设施建设，推进农业结构和种植制度调整，选育抗逆品种，遏制草地荒漠化加重趋势，加强新技术的研究和开发，增强农业生产适应气候变化不利影响的能力；在森林和其他自然生态系统领域，要制定和实施与适应气候变化相关的法律法规，强化对现有森林资源和其他自然生态系统的有效保护，加大林业技术开发和推广应用力度，降低气候变化对生物多样性的不利影响，提高预警和应急能力；在水资源领域，要建立与市场经济体制相适应的水利工程投融资体制和水利工程管理体制，加强水利基础设施的规划和建设，加大水资源配置、综合节水和海水利用技术的研发与推广力度；在海岸带及沿海地区领域，要建立健全相关法律法规，加大技术开发和推广应用力度，加强海洋环境的监测和预警能力，强化应对海平面升高的适应性对策。

中国政府决定成立由温家宝总理任组长的国家应对气候变化领导小组。在与气候变化相关的科技工作、公众意识和体制建设等方面，中国政府也将采取一系列积极的政策和措施，不断增强应对气候变化的综合能力。

5 中国对重要气候变化问题的基本立场及国际合作需求

气候变化主要是发达国家自工业革命以来大量排放二氧化碳等温室气体造成的，其影响已波及全球。应对气候变化，需要国际社会广泛合作。为有效应对气候变化，并落实本方案，中国愿与各国加强合作，并呼吁发达国家按《公约》规定，切实履行向发展中国家提供资金和技术的承诺，提高发展中国家应对气候变化的能力。

5.1 中国对气候变化重要问题的基本立场

（1）减缓温室气体排放。减缓温室气体排放是应对气候变化的重要方面。《公约》附件一缔约方国家应按“共同但有区别的责任”原则率先采取减排措施。发展中国家由于其历史排放少，当前人均温室气体排放水平比较低，其主要任务是实现可持续发展。中国作为发展中国家，将根据其可持续发展战略，通过提高能源效率、节约能源、发展可再生能源、加强生态保护和建设、大力开展植树造林等措施，努力控制温室气体排放，为减缓全球气候变化做出贡献。

（2）适应气候变化。适应气候变化是应对气候变化措施不可分割的组成部分。过去，适应方面没有引起足够的重视，这种状况必须得到根本改变。国际社会今后在制定进一步应对气候变化法律文书时，应充分考虑如何适应已经发生的气候变化问题，尤其是提高发展中国家抵御灾害性气候事件的能力。中国愿与国际社会合作，积极参与适应领域的国际活动和法律文书的制定。

（3）技术合作与转让。技术在应对气候变化中发挥着核心作用，应加强国际技术合作与转让，使全球共享技术发展所产生的惠益。应建立有效的技术合作机制，促进应对气候变化技术的研发、应用与转让；应消除技术合作中存在的政策、体制、程序、资金以及知识产权保护方面的障碍，为技术合作和技术转让提供激励措施，使技术合作和技术转让在实践中得以顺利进行；应建立国际技术合作基金，确保广大发展中国家买得起、用得上先进的环境友好型技术。

(4) 切实履行《公约》和《京都议定书》的义务。《公约》规定了应对气候变化的目标、原则和承诺，《京都议定书》在此基础上进一步规定了发达国家 2008 ~ 2012 年的温室气体减排目标，各缔约方均应切实履行其在《公约》和《京都议定书》下的各项承诺，发达国家应切实履行其率先采取减排温室气体行动，并向发展中国家提供资金和转让技术的承诺。中国作为负责任的国家，将认真履行其在《公约》和《京都议定书》下的义务。

(5) 气候变化区域合作。《公约》和《京都议定书》设立了国际社会应对气候变化的主体法律框架，但这绝不意味着排斥区域气候变化合作。任何区域性合作都应是对《公约》和《京都议定书》的有益补充，而不是替代，其目的是为了充分调动各方面应对气候变化的积极性，推动务实的国际合作。中国将本着这种精神参与气候变化领域的区域合作。

5.2 气候变化国际合作需求

(1) 技术转让和合作需求。在气候变化观测、监测方面，主要技术需求包括大气、海洋和陆地生态系统观测技术，气象、海洋和资源卫星技术，气候变化监测与检测技术，以及气候系统的模拟和计算技术等方面；

在减缓温室气体排放方面，主要技术需求包括先进的能源技术和制造技术，环保与资源综合利用技术，高效交通运输技术，新材料技术，新型建筑材料技术等方面；

在适应气候变化方面，主要技术需求包括喷灌、滴灌等高效节水农业技术，工业水资源节约与循环利用技术，工业与生活废水处理技术，居民生活节水技术，高效防洪技术，农业生物技术，农业育种技术，新型肥料与农作物病虫害防治技术，林业与草原病虫害防治技术，速生丰产林与高效薪炭林技术，湿地、红树林、珊瑚礁等生态系统恢复和重建技术，洪水、干旱、海平面上升、农业灾害等观测与预警技术等。

(2) 能力建设需求。在人力资源开发方面，主要需求包括气候变化基础研究、减缓和适应的政策分析、信息化建设、清洁发展机制项目管理等方面的人员培训、国际交流、学科建设和专业技能培养等能力建设；

在适应气候变化方面，主要需求包括开发气候变化适应性项目，开展极端气候事件案例研究，完善气候观测系统，提高沿海地区及水资源和农业等部门适应气候变化等能力建设；

在技术转让与合作方面，主要需求包括及时跟踪国际技术发展动态，有效识别与评价气候变化领域中的先进适用技术，促进技术转让与合作的对策分析，提高对转让技术的消化和吸收等能力建设；

在提高公众意识方面，主要需求包括制定提高公众气候变化意识的中长期规划及相关政策，建立与国际接轨的专业宣传教育网络和机构，培养宣传教育人才，面向不同区域、不同层次利益相关者的宣传教育活动，宣传普及气候变化知识，引导公众选择有利于保护气候的消费模式等能力建设；

在信息化建设方面，主要需求包括分布式的气候变化信息数据库群，基于网络的气候变化信息共享平台，以应用为导向的气候变化信息体系和信息服务体系，公益性信息服务体系和发展产业化信息服务体系，国际信息交流与合作等能力建设；

在国家信息通报编制方面，主要需求包括满足温室气体清单编制需求的统计体系，确定主要排放因子所需的测试数据，清单质量控制、气候变化影响和适应性评价、未来温室气体排放预测等方法，以及国家温室气体数据库等能力建设。

清洁发展机制造林再造林项目实施情况和障碍分析

王春峰*

摘要：森林是陆地生态系统的主体，在全球气候变化过程中发挥着重要作用。为减缓气候变化，《京都议定书》确立了三种履约机制。其中清洁发展机制(CDM)是在发达国家和发展中国之间建立的一种联合履约机制。文章介绍了清洁发展机制项目实施的背景、条件和基本程序，分析了造林和再造林项目存在的障碍。文中最后论述了解决这些障碍的一些途径。

关键词：清洁发展机制；造林；再造林；途径

1　背景

(1)森林与气候变化：森林是陆地生态系统的主体，在全球气候变化过程中起着双重作用。一是森林既可作为温室气体吸收汇：通过造林和再造林、森林管理和木材产品替代化石能源和产品等来增加碳储量；二是森林也可成为温室气体排放源：毁林和森林退化；火灾和病虫害。目前全球森林总体上是一个排放源(热带地区森林是源，温带地区森林是汇)。同时，森林自身也受到全球气候变化的影响。

(2)《联合国气候变化框架公约》和《京都议定书》目标：公约的最终目标是"将大气中温室气体的浓度稳定在防止气候系统受到危险的人为干扰的水平上。这一水平应当在足以使生态系统能够自然地适应气候变化、确保粮食生产免受威胁并使经济发展能够可持续地进行的时间范围内实现"。公约遵循"共同但有区别责任"的原则和可持续发展的原则。由于科学认识上还存在着很大不确定性，对于要将大气中的温室气体浓度稳定在什么样的水平上公约没有给出说明。

1997年的京都议定书为工业化和经济转轨国家规定了有法律约束力的承担量化减排指标，即2008～2012年间，在1990年基础上减少5.2%。京都议定书中确定了3种履约灵活机制：排放贸易(ET)；联合履约(JI)；清洁发展机制(CDM)，使得附件I缔约国可以通过这3种境外机制取得减限排指标。

2　清洁发展机制(CDM)项目实施条件和基本程序

2.1　目的

(1) 项目级合作；

(2) 为发达国家提供核证减排量；

(3) 推进发展中国家可持续发展。

---

* 王春峰，国家林业局应对气候变化办公室。

2.2 项目类型:

分为 15 类。

2.3 基本程序

项目设计——项目批准——项目审定——项目注册——项目实施、监测与报告——项目减排量的核查与核证——签发核证减排量(CERs)。

2.4 参与资格

（1）发达国家：批准京都议定书、履行建立国家 GHG 估算和报告系统等；

（2）发展中国家：批准京都议定书；建立清洁发展机制国家级主管部门；可持续发展标准体系等。

3 中国的 CDM 项目

3.1 中国 CDM 项目的审批流程

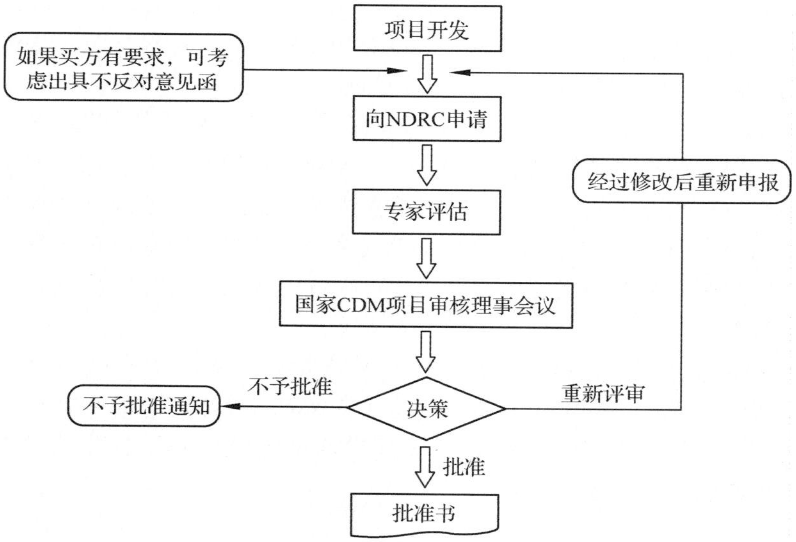

3.2 中国 CDM 项目管理主要规定

3.2.1 中国的 CDM 项目

(1)项目参与方：中资或中资控股企业。

(2)重点领域：目的一是提高能源效率；二是开发利用新能源和可再生能源；三是回收利用甲烷和煤层气。

(3)核证减排量收益归中国政府和实施项目的企业所有。

(4)分配比例：重点领域及植树造林项目等类清洁发展机制项目，国家收取转让 CER

收益的2%；氢氟碳化物和全氟碳化物和全氟碳化物类项目，国家收取转让 CER 收益的65%；氧化亚氮类项目，国家收取转让 CER 收益的30%。

3.2.2 CDM A/R 项目模式

对于 CDM A/R 项目的模式的造林造林再造林项目，也有以下要求：

(1)项目实施条件：参与资格的审查；土地合格性(生产力不能太低、树木轮伐期、生产力和生产费用之间的平衡)条件。

(2)主要技术问题：森林定义；项目边界。

■ 基线

◆ 可用的历史上或者现有的项目边界内碳库内碳存储量的改变

◆ 一种经济上有吸引力的土地利用方式带来的项目边界内碳存储量的改变，考虑投资的障碍

◆ 在项目开始时最有可能的土地利用方式带来的项目边界内碳存储量的改变。

■ 碳库选择

■ 泄漏

◆ 是否存在转移排放以及如何避免

◆ 是否存在市场泄漏和如何避免

■ 额外性

◆ 投资障碍

◆ 技术障碍

◆ 政策障碍

■ 计入期

◆ 20 年可更新

◆ 30 年固定

■ 非永久性

◆ T－CER

◆ L－CER

■ 碳汇监测

◆ 5 年一次，核查

■ 环境和社会影响评价

3.2.3 CDM A/R 项目类型和特点

(1)项目类型：天然林人工恢复；商业人工林；农用林；荒山造林。

(2)项目特点：

■ 是应对气候变化的组成部分，可补充 CER 不足；

■ 可能是一些工业化程度很低的不发达国家参与气候变化和 CDM 的唯一形式；

■ 一种低成本的替代实质性工业减排措施；

■ 与可持续发展联系紧密；

■ 碳汇是传统森林恢复和经营管理的附加价值，项目实施具有多重效益，对贷款项目来讲，增加了项目还贷能力；

■ 可以是适应气候变化结合；

■ 为未来提供了资源；

■ 和其它工业、能源领域的 CDM 减排项目的最大区别在于项目产生的 CER 的非永久性特征。

(3)CDM A/R 国际进展和影响因素

国际进展缓慢：

■ 批准的方法学 10 个，注册项目 1 个，而全球注册的 CDM 已达 1000 多个；

■ 规则通过很晚；

■ EU EST 拒绝、美国市场；

■ 未来国际政策和市场走向的不确定性；

■ 大多数 LULUCF 是在议定书之外。

影响因素：

■ 稳定的政治、经济、金融形势；

■ 土地权属和自然条件；

■ 项目规模(小项目在南美)、实施成本、机会成本；

■ 明确的国内项目管理、审批程序和时限；

■ 项目的环境和社会效益。

(4)我国开展 CDM A/R 项目的潜力

■ 适合开展的土地资源

■ 稳定的政治经济环境

■ 劳动力成本相对较低

■ 具有实施国际项目(如世行等多边银行贷款项目)的经验

■ 较好的政策环境与经济发展潜力

■ 大约可占全球 20% 的份额，但从目前进展来看，实际很难达到

3.2.4 我国正在实施或准备的 CDM A/R 项目

我国实施或准备的 CDM A/R 项目主要情况：

(1)已注册的项目：1 个。

• 该项目在广西苍梧县和环江县营造 4000hm^2 人工林。在未来 15 年内世界银行生物碳基金以一定价格购买其中 60 万吨二氧化碳当量；

• 造林树种为马尾松、杉木、枫香、荷木、大叶栎和桉树。除桉树外，其它树种均为当地栽培历史悠久的乡土树种；

• 项目采取农民或社区与林场或公司的股份合作制形式以及农户小组形式；

• 项目不仅吸收大气中的 二氧化碳，还将促进当地农民增收、植被恢复、水源改善、生态保护、就业增加等多重效益。

(2)正在申报国内审批并申请注册的项目：5 个。

■ 广西西北部退化土地再造林项目：

• 项目将在隆林、田林和凌云县的退化土地上营造 8000hm^2 的多用途人工林；

• 树种和再造林模式有杉木、秃杉、马尾松、光皮桦、酸枣、马尾松 + 枫香、马尾松 + 红荷、桉树；

• 至 2017 年：可产生 72 万多吨二氧化碳当量；

• 无碳贸易财务内部收益率：大约 4.71%；有碳贸易财务内部收益率：大约 8.30%。

■ 云南腾冲小型再造林景观恢复项目：

• 在保护国际(CI)，美国大自然保护协会以及云南省林业厅共同倡导的森林多重效益(FCCB)项目框架下；

• 森林碳汇，社区可持续发展和生物多样性保护的综合效益；

• 将营造 476.14hm^2 的混交林，树种都是秃杉、光皮桦、云南松、桤木乡土树种；

• 计入期 30 年，共吸收 17 万 t 以上二氧化碳，年均 5700t 左右；

• 目前尚无买家。

■ 四川西北部退化土地 CDM 再造林项目：

• 将在四川省西北部的理县、茂县、北川县、青川县和平武县 5 个县部分退化土地上建立多功能人工林 2551.8hm^2；

• 减缓气候变化，提高景观连通性，促进生物多样性保护，水土保持；增加当地收入；

• 20 年可更新，53.3 万 t 二氧化碳当量，年均 2.6 万 t 二氧化碳当量；

• 营造厚朴、四川杨、光皮桦、红桦、麻栎、杉木、侧柏、岷江柏、油松、马尾松、落叶松、云杉等多树种混交林；

• 由保护国际和美国大自然保护协会支持，但尚无国外买家。

■ 内蒙古敖汉旗防治沙漠化造林项目：

• 在内蒙古敖汉旗西北部严重沙化的土地上营造 3000hm^2 的防风固沙林；

• 造林树种为杨树和踏郎，采用 3 种带状混交方式；

• 预计在 20 年的计入期内将产生约 11.4 万 t 二氧化碳当量的临时核证减排量，年均约 5700 吨二氧化碳当量；

• 国外合作方：意大利。

■ 辽宁省康平县 CDM 小造林项目：

• 拟在康平县张家窑林场营造 387hm^2 杨树防护林；

• 树种为当地杨树品种；

• 计入期 20 年，吸收固定 2.24 万 t 二氧化碳当量，年均 1124t；

• 国外合作方：日本。

■ 河北省：

• 黑龙港流域比较有代表性的邱县和大城县，拟分别在大城县营造 2000 hm^2 多用途速生桑人工林；在邱县营造 2000 hm^2 多用途速生杨人工林。

■ 湖北省：

• 咸宁市崇阳、通山和咸安 3 个县，准备在退化土地上进行再造林 10000 hm^2，培育具有多种经营目的的森林。拟造林树种包括松、枫香、杉木等乡土树种。

■ 山西省：

• 拟在山西交城县石壁山区营造 7000 余 hm^2 针阔叶人工混交林，造林树种以白皮松、侧柏、元宝枫、栎类为主。

■ 内蒙古：

• 准备利用欧洲银行贷款，拟在在包头市(固阳县)、呼和浩特市(回民区)、通辽市(科尔沁区、科左后旗、科左中旗、扎鲁特旗)、巴彦淖尔市(磴口县)4 市 7 县(旗、区)

营造多用途人工林 46467hm^2，造林树种包括杨树、榆树、樟子松、柳树、柠条、沙棘、梭梭、沙枣、柽柳等。

■ 河南省：

◆ 豫西黄土丘陵和浅山区，将在项目区营造 26000hm^2 多用途人工林，60% 将营造油松、侧柏、泡桐、楸树、栓皮栎和旱柳等乡土树种。

3.2.5 CDM A/R 项目实施障碍

■ 缺乏项目准备费；

■ 获取批准的时间较长，有时会对项目设计书产生影响，因格式变化；商业投资者等待时间长而失去兴趣。

■ 地方缺乏开展项目的能力；

■ 造林投资缺乏；

■ CDM 程序和规则的复杂性；

■ EU ETS 不接受，美国市场未打开；

■ 未来承诺期的不确定性；

■ 泄漏、非永久性、计量、核证期、环境和社会影响决定了至少在第一承诺期内 CDM A/R 的市场将很小；

■ 小农户没有足够的资金开展项目，企业追求利润；

■ CER 价格低，交易成本可占项目成本的 6% ~50% 以上；

■ 项目交易成本：

◆ 项目前期论证和确定；

◆ 设计/选择基准线方法学，估计减排量；

◆ 准备项目设计文件；

◆ 东道国批准，利益相关方的咨询和环境影响评价；

◆ CERs 采购商务合约的谈判和签订；

◆ DOE 审核；

◆ 注册费；

◆ 监测；

◆ 核查和核证费；

◆ 联合国 CDM 理事会征收的适应性费用（CERs 总额的 2%）。

3.2.6 解决 CDM A/R 项目实施障碍的途径

■ 建立对无林地或低于 20% 覆盖率的造林地开展 CDM A/R 项目的合格性标准；

■ 简化 CDM A/R 活动的原则、程序、监测方法；

■ 开发一些指导项目实施的良好做法指南；

■ 鼓励采用 CCB 标准，将 CDM A/R 项目的生物多样性和社区发展效益统筹考虑后，以吸收买方出更高的价格；

■ 解决信息不对称的问题，探索帮助社区开发碳汇项目和寻找买家；

■ 开发发有助于当地林业部门、企业和社区农户使用的决策支持系统；

■ 扩大市场。争取欧盟市场接受 CDM A/R，在公约进程下美国承担量化减排指标 CDM A/R 的未来走向；

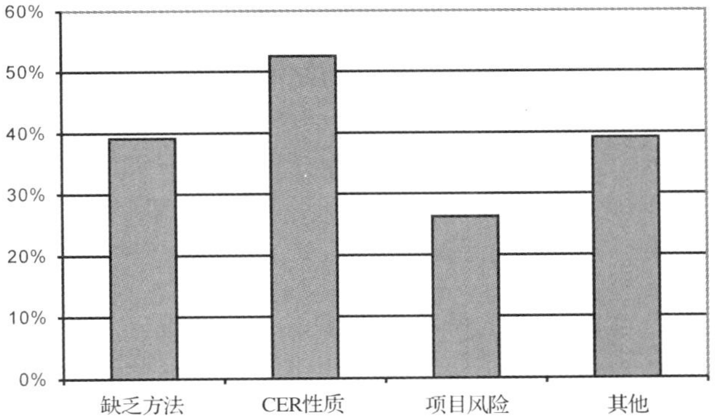

■ 1% 的额度不可能完成达到；

■ 非洲等最不发达国家在缔约方大会上强烈呼吁 CDM 项目的区域分布公平性，有可能促进 CDM A/R 项目的发展；

■ 巴厘路线图启动新的谈判进程，正在讨论 REDD，同时也在将森林管理纳入，有可能提出整体 LULUCF 解决方案；

■ 今年 4 月初召开的曼谷会议明确 CDM 将会继续；

■ PCDM 方法的引入；

■ 部门方法。

中国绿色碳基金——碳汇项目的实施与管理

陆诗雷 *

摘要：全球气候变化引起了国际社会的广泛关注，为应对气候变化，2007 年中石油和中国绿化基金会共同建立了中国绿色碳基金。本文主要向大家详细地论述中国绿色碳基金中的碳汇项目的具体管理办法、如何编写项目建议书和实施方案等一系列的技术规定，最后又介绍了个人的出资管理方法以及中国第一个碳补偿标志。

关键词：绿色碳基金；碳汇；项目管理；方案；碳补偿

1 项目背景

全球气候变暖已经成为社会广泛关注的焦点。为应对气候变化，2007 年中石油和中国绿化基金会共同创办了绿色碳基金。鼓励境内外资企业积极参与气候变化，社会企业和个人提高自己的绿色形象，履行社会责任，中国绿色碳基金为维护企业和个人的节能减排形象提供了一个平台。通过捐资和造林经营活动吸收固定二氧化碳，造林的经济效益归林地所有者，企业获得碳汇。该基金就是在自愿行动的基础上展示企业的社会责任，同时又可以起到示范带动作用，这也是项目实施的关键。

2 项目总体要求

（1）每个项目应当相对集中，具有一定规模（3000 亩以上）；

（2）年度项目数量不确定，取决于实际可获得的捐资数量；

（3）投资包括了对后期管护的全过程，项目实施周期为 20 年；

（4）项目属于社会公益性，可看成是企业出资购买造林所吸收固定的二氧化碳行为；

（5）林木所有权和处置权归造林者，但必须在项目周期结束后才能随意处置。

3 项目管理文件①

（1）管理办法：《中国绿色碳基金管理暂行办法》和《中国绿色碳基金项目管理暂行办法》；

（2）项目造林技术暂行规定：《中国绿色碳基金碳汇项目造林技术暂行规定》。

4 中国绿色碳基金管理

属于中国绿化基金会下属的碳基金专项，总体上必须遵循中国绿化基金会的一系列管理规定；倡导国内外企业、组织、团体和个人，通过捐资加入以积累碳汇为目的的植树造

* 陆诗雷，国家林业局应对气候变化办公室，E-mail：lushilei@ sina. com

① 文件已于 2007 年 12 月 28 日正式印发，公布在 http：//www. fcarbonsinks. gov. cn/

林和森林经营等活动；实行执行理事会负责制，对年度收支和使用的计划、预算、决算进行审批与监督；凡自愿捐资加入中国绿色碳基金的企业、组织、团体和个人，均须和国家林业局应对气候变化工作办公室、中国绿化基金会三方共同签订加入协议；现阶段主要支持的项目活动是造林。目前正在与华能协商建立华能的专项绿色碳基金。

4.1 项目管理的职责分工

（1）国家林业局应对气候变化工作办公室(原国家林业局碳汇管理办公室)：负责协调捐资方提出碳汇项目立项和实施初步意见；指导项目实施；研究制定相关政策、管理办法和技术规定；组织专家开展相关的碳汇计量、监测、核证、检查等活动；负责归口对外发布相关信息；

（2）中国绿化基金会：负责项目的资金管理、拨付；监督资金使用；参与制定相关政策和技术规程；参与项目审定与检查；负责组织包括捐资方参与的、与项目有关的宣传活动等；

（3）捐资方作为出资方：有责任和义务参与项目立项、检查、验收和相关宣传活动；

（4）项目实施单位：负责落实好项目造林任务，并在项目周期内切实管护和巩固造林成果，配合开展项目验收、核查和碳汇计量事宜，配合开展相关宣传活动。项目管理负责人应对项目实施负总责，项目技术负责人应对项目实施技术环节负责。

4.2 立项基本原则

（1）坚持公益性和可行性，充分尊重捐资方意愿，而且以营造生态公益林为主；

（2）项目区域安排应当在注重适地适树原则下，优先考虑生态区位重要和生态环境脆弱地区，如大江大河源头、重要水库周围、西部风沙源、革命老区、贫困地区和石油、煤炭开采矿区等；

（3）在保证最大限度获得碳汇的同时，项目实施应当与项目所在地的生物多样性保护、促进森林资源可持续发展、当地经济社会发展和水土保持等相结合。坚持适地适树，提倡多树种、多林种结合。

4.3 项目造林地点选择的基本要求

（1）相对集中连片；

（2）2000 年 1 月 1 日以前或 2000 年 1 月 1 日以来的无林地；

（3）不具有商业竞争力、存在一定造林技术难度、不具备天然更新能力的土地；

（4）适宜树木生长，相对集中连片，预期能发挥较大的碳汇功能；

（5）有助于促进当地生物多样性保护、减少水土流失、促进地方社会经济发展等多种效益；

（6）近 5 ~ 10 年内尚不能纳入国家造林计划，这是核准的难度；

（7）造林地权属清晰，具有当地政府部门核发土地使用权证书(林权证)，避免碳汇的争执；

（8）当地群众具有参与项目造林的积极性，具备开展项目活动的组织、劳力和技术保障。

4.4 项目管理主要程序

项目公告──→项目建议书──→初步遴选──→审批立项──→下达任务通知书──→编制项目实施方案──→审批实施方案──→签订实施合同──→项目实施──→检查验收──→碳汇计量和公布。

5 编写项目建议书

项目建议书的内容包括：

项目名称；

项目实施单位；

项目管理负责人和项目技术负责人及其联系方式（电话、传真、电子信箱）；

项目建设范围（乡镇）；

项目计划造林规模和申请资金数量；

拟开展项目造林地点的自然、社会、经济等现状情况

项目实施意义

初步可行性分析：分析开展项目的造林地权属情况，包括是否具有当地规划部门核准的林地使用权证、是否存在权属争议等；树种（尤其是乡土树种）、种苗、劳动力等条件；火灾和病虫害等自然灾害预防控制能力；造林后期经营管护能力等；实施的组织保障等。

初步实施计划和投资使用方向；用于立项申请。

6 编写项目实施方案

6.1 基本信息

项目名称：中国绿色碳基金中国石油某某地方碳汇项目

项目性质：中国绿色碳基金碳汇项目

项目建设单位：

项目项目负责人及联系方式：

项目技术负责人及联系方式：

项目建设范围：乡镇

项目建设内容：人工造林

项目规模：××亩

项目实施期限：从××年到××年，20年

项目投资：××万元

6.2 项目区基线状况调查

拟开展项目造林活动地点的气候、土壤、地质。多年的干旱、洪涝、霜冻等自然灾害发生情况等；

拟开展项目造林活动地点的植物类型、种类、组成、盖度。鸟类和兽类等动物物种和分布情况。特别应该关注是否涉及珍稀濒危植物、古树名木、古迹、历史遗存、有特殊价

值的景点、珍稀濒危动物的栖息地等；

拟开展项目造林活动地点的水土流失情况；

拟开展项目造林活动地点的社会经济发展情况，包括人均收入，贫困人口情况，当地群众的燃料来源，当地农户放牧情况；

拟开展项目造林活动地点的土地权属和利用现状；

在开展基线调查的同时，可针对拟开展项目造林活动地点典型立地状况拍摄照片或录像加以记录，以便和项目实施后进行对照；

填写项目区《项目区社会经济情况统计表》和《各类土地面积统计表》。

6.3 项目实施必要性和意义分析

当地生态环境存在问题；

项目实施可能产生的碳汇、经济、生态、社会效益等。

6.4 项目可行性分析

拟开展项目造林地点是否存在权属争议；是否存在林农、林牧矛盾、被征占用于道路或城市建设等土地利用冲突；是否存在技术、资金等障碍导致拟开展项目造林地点多年来未能造林；未来 5～10 年可能的土地利用方向，有无被占用作农田、牧业用地或其他建筑用地等非林业用途的潜在风险等；

造林树种，尤其是乡土树种的种苗准备、劳动力条件等能否得到实施项目的要求。不同树种在拟开展项目造林地区的多年平均生长量情况；

旱涝灾害、火灾和病虫害等自然灾害发生风险以及预防控制灾害的能力和措施等；

开展项目造林活动的组织实施能力和造林后期经营管护措施和能力；

相当于科研，在项目建议书基础上做进一步分析。

6.5 项目实施进度（计划）

开展作业设计、整地栽植施工、自查等主要项目活动的进度；

宣传活动的安排；

造林作业设计；

编制造林作业设计的依据；

编制造林作业设计的基本情况：谁来做？如何做？如何确定项目实施地点等；

项目区的布局：落实到那些乡镇，附布局示意图。

6.6 造林技术设计

划分项目区主要立地类型：填写《项目区立地类型统计表》；

树种设计：依据原则、选择的树种；

造林密度和配置：依据、初值密度和配置；

水土保持措施设计：造林施工中如何注意保持水土；

整地设计：如何考虑、规格等，但注意不要炼山；

造林方法：人工植苗、注意事项等；

苗木设计：苗木标准(一、二级，最好为一级)、用量、来源；

管护抚育措施：浇水、人工除草；

确定造林技术模型：填写《项目造林技术模型登记表》(小班设计依据)；

确定造林经济模型：填写《造林经济模型表》，将来做项目分析用；

小班设计：填写《造林作业设计小班调查设计卡》和《项目年度造林施工设计小班登记表》，这两张表是相互对应的；

小班位置、面积等都需要落实到1：1或1：5万的地形图上。采用小班设计信息管理系统；

小班信息管理系统的应用：国家林业局规划院统一讲解。

6.7 资金使用方案

资金用于哪些方面、包括直接用于造林整地、栽植、种苗购置、技术支持、宣传等。

填写《项目建设内容和投资预算明细表 》和《造林任务和投资安排统计表》。

项目实施预期效益分析；

估算未来20年内可能吸收固定的二氧化碳量；

木材或其他木质或非木质林产品收益等；

对保护当地生物多样性、促进脱贫、治理水土流失、推进森林可持续管理、提供农户就业机会等生态、社会效益分析以及其他可能的效益。

6.8 保障措施

组织制度保障措施；

明确项目造林的具体组织实施形式；

项目受益群体(农户)的受益和利益分配方式，必要时，需要签订相应的造林合同；

造林后期管护和经营的形式与制度；

目的是将项目造林任务落到实处、让当地群众受益、避免利益等冲突；

造林质量保障措施：确保达到规定的质量标准的措施；

资金使用保障措施：确保资金得到合理使用的措施。

6.9 对编写项目实施方案的几点要求

在接到项目任务正式通知书后开始组织编制，会后领取；

应当由具有乙级或乙级以上资质的设计单位来组织编制；

重点要把下达的造林任务落实到山头地块，编制造林施工作业设计、建立和落实各项制度和措施；

报送时间：2008年1月中下旬报送国家林业局气候办，包括方案文本和电子文件。

7 项目实施

(1)实施方案得到正式审批后，项目实施单位签订正式项目实施合同；

(2)项目实施过程中，项目实施单位应当派技术人员到项目实施地点进行现场监督和指导；

(3)实施过程中，应尽量减少由于人为或项目活动本身造成的温室气体排放；

(4)项目整个实施周期为20年。项目实施单位必须采取有效措施切实保证在造林后的20年内，项目造林成果能到合理管护，并纳入当地森林资源统一管理；

(5)本项目应单独实施，不得和其他类似造林项目重叠。

8 项目检查验收

项目的检查验收参照《全国人工造林更新实绩核查管理办法》和《技术规定》，实行自查、验收和核查；造林结束后1年内，项目实施单位要组织全面自查，形成自查报告，报送局气候办；接到自查报告后，气候办会同基金会、捐资方，组织专家进行验收，形成验收报告；造林3年后组织造林成果核查；造林后第5个年头进行碳汇计量；检查验收主要内容：造林面积、造林成活率、保存率、造林作业质量、病虫害和火灾发生情况或风险评估、经营管护措施建立和落实情况、项目资金使用管理、以及项目造林累计产生的碳汇情况等；在项目实施期间，气候办、捐资方和基金会将不定期对项目实施和管护情况进行随机抽查；对未完成任务、造林成活率、保存率达不到国家标准、管护措施未落实和出现严重破坏项目成果等情况进行处理。对于严重破坏项目造林成果的行为，将责成当地资源管理部门按照森林资源管理的相关法律法规给予惩处。

主要指标包括：

①作业设计率：必须达到100%；

②造林面积核实率：必须达到100%；

③造林成活率。

8.1 造成成活率

(1) 年均降水量在400mm以上地区，成活率应当达到90%以上(含90%)；

(2) 年均降水量在400mm以下地区，热带亚热带岩溶地区、干热(干旱)河谷等生态环境脆弱地带，成活率达到80%以上。

8.2 造林合格率

(1) 年均降水量在400mm以上地区，成活率达到90%以上(含90%)的造林小班为合格小班；

(2) 年均降水量在400mm以下地区，热带亚热带岩溶地区、干热(干旱)河谷等生态环境脆弱地带，成活率达到80%以上(含80%)的造林小班为合格小班。

8.3 造林面积保存率

(1) 核实合格小班面积占合格小班面积之比；

(2) 碳汇项目造林面积保存率不得低于85%。

8.4 管护制度落实情况

批准的实施方案中所确定的各项管护制度和措施落实情况。

未尽事项应参照《造林技术规程》(GB/T15776－2006)执行。

9　项目碳汇计量和公布

造林活动记录，同时维护成果；项目每隔5年进行一次碳汇计量。项目期内共计进行4次碳汇计量；第一次碳汇计量应当在项目实施后的第五个年度进行；碳汇计量由国家林业局应对气候变化办公室组织有资质的技术单位按照相应的技术指南进行；通过网站或其它形式公布捐资方捐资实施的碳汇项目产生的碳汇情况。允许捐资方在自行组织的相关宣传中使用公布的碳汇计量结果；各实施单位需要配合，做好《项目造林碳汇计量所需参数记录表》填写，同时配合专家开展计量活动。

10　资金管理

项目实施采取合同制管理。项目资金按照签订的实施合同分期拨付；

在项目实施合同正式签字生效后，向项目实施单位拨付60%的项目资金；第一次项目验收合格后，向项目实施单位拨付20%的项目资金；第二次项目核查合格后，向项目实施单位拨付10%的项目资金；项目首次碳汇计量结束后，对于项目成果巩固良好的项目实施单位，拨付剩余的10%的项目资金；

资金拨付未尽事项，将在实施合同中详细明确；

专款专用，不得挪用和串用；

不允许重复征税或收取相关费用。

11　项目宣传

简单的启动仪式；

设立长期可视性的项目名称碑、牌，统一冠名为“捐资方名称＋项目所在县（市）＋碳汇造林项目”，并在项目碑、牌背面，对项目基本情况做简要记载；

通过网站发布各地项目实施和检查验收等相关情况；

各项目实施单位应当积极配合新闻媒体进行适当的宣传报道；

免除企业所得税的25%，树立企业的绿色形象。

12　个人出资和管理

流程：

个人捐资——直接汇入中国绿化基金会财务帐户——开正式收据——配套颁发购买碳汇凭证（荣誉证明）和车贴——名单上网——组织造林——网上公示（造林地、设计、计量方法等）。

目前，个人资金已经安排在北京八达岭林场和内蒙古锡盟多伦造林。

13　中国第一个“碳补偿”标识——车贴

新型的、人性化的个人环保行为展示；

国家没有给汽车设减排量，林业也没有限定排放的行政职能，车贴仅表明车主参与了“碳补偿”；

出资者自愿选择把排放量全部或部分“买”回；

公众对车贴有兴趣，目前要“买”车贴的有北京市政府和相关机构和个人；

从北京开始——推广到全国；

中国第一个“碳补偿”标识从林业诞生，全社会都了解林业在应对气候变化中的巨大作用，能够吸引更多的社会资金参与国土绿化；

购买者获得收据、凭证、车贴(如图)：

中国绿色碳基金碳汇购买凭证

购 买 者：叶海东

出资金额：10000.00（壹万元整）

项目名称：北京八达岭碳汇造林

获得碳汇：56吨二氧化碳

出资日期：2007年12月28日

绿色基金 绿色梦想 造林增汇 你我同行

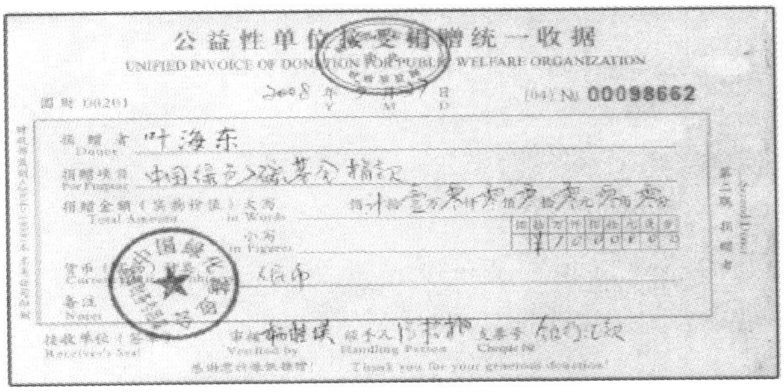
公益性单位接受捐赠统一收据

UNIFIED INVOICE OF DONATION FOR PUBLIC WELFARE ORGANIZATION

No 00098662

捐赠者 Donor 叶海东

捐赠项目 For Purpose 中国绿色碳基金捐款

捐赠金额（实物价值）Total Amount 大写 in Words

小写 in Figures

货币 Currency 人民币

备注 Notes

接收单位（签章）Receiver's Seal 审核 Verified by 经手人 Handling Person 支票号 Cheque №

感谢您对公益事业的捐赠！ Thank you for your generous donation!

中国清洁发展机制下造林再造林碳汇项目优先发展区域选择与评价

章升东

1 背景与目的

以全球变暖为主要特征的气候变化，对全球社会可持续发展和人类自身生存产生了影响，引起了国际社会的广泛关注。为有效应对气候变化，国际社会通过积极的努力进行了一系列的对话和谈判，签订了《京都议定书》。在议定书框架下设立了3个灵活机制：联合履约(JA)、排放贸易(ET)和清洁发展机制(CDM)。在清洁发展机制里面规定在2008～2012年第一承诺期内，发达国家通过资金和技术的方式到发展中国家投资造林和再造林项目，发达国家通过项目积累的碳信用指标来抵消本国的碳排放。CDM是一个双赢的机制。我国开展CDM造林和再造林项目有着基础能力设施比较好和稳定的社会环境，引起了国际社会关注中国林业碳汇特别是CDM林业项目。

按照国际规则要求和我国林业发展现状，通过研究，确定造林再造林碳汇项目的优先区域，以便于开展项目和管理 。选择的核心是确定指标。

2 工作步骤

2.1 确定指标的原则

（1）遵循国际规则，如CDM的基线、额外性等要求；
（2）充分利用现有森林资源清查资料和基础地理信息；
（3）考虑国家林业发展战略和规划相结合；
（4）考虑成本效益；
（5）促进社区经济和可持续发展；
（6）充分考虑保护生态环境要求，如生物多样性保护；
（7）宜简不宜繁，简单易行可操作，有代表性。

2.2 指标设计

设计了4个指标：1990年以来无林地状况，这是前提条件；森林生长率；社会经济状况(造林成本、人均年收入为主要因子)；生物多样性状况。

另外两个步骤就是综合评价和成果应用。

3 技术路线

技术路线分 5 步：

(1)利用现行森林资源监测和调查成果；

(2)针对相关因子开展全国范围调查；

(3)在以上两个步骤整合的基础上建立 1990 年无林地、林木生长率、生物多样性和社会经济状况等数据库；

(4)进行各指标标准化处理，专家评分，建立综合指标；

(5)通过综合指标进行碳汇优先区域评价与选择。

技术路线

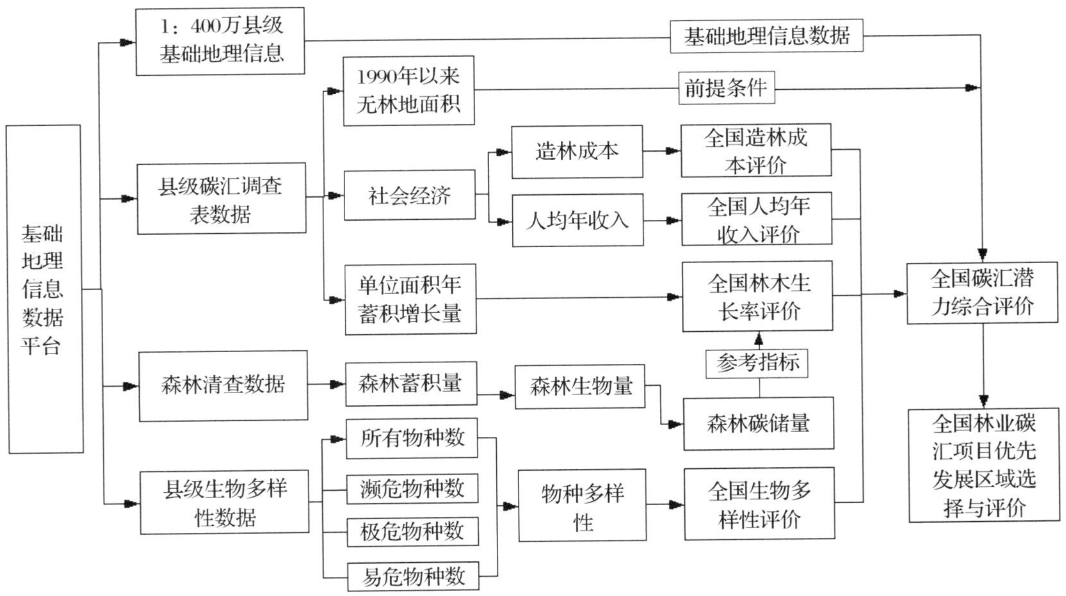

造林再造林碳汇项目优先发展区域选择与评价调查表

省份　　　　　　地州(市)：　　　　　　　　　县(市)名：

县人均年收入(2004 年)：________元　　　全县国民生产总值(2004 年)：________万元

县(市)综合地价：________元/亩(用当地国土局数据)　县(市)统一年产值：________元/亩(用当地国土局数据)

全县(市)现在的森林覆盖率：　　%　　　全县自 1990 年以来的无林地面积：　　　亩

县内是否有国家级自然保护区，是　　否　　县内是否有省级保护区：是　　否　本县是否属于：国家级贫困县　省级贫困县

以下内容涉及本区域内造林成本：

造林作业设计：________元/亩　　　　县(市)境内租地(造林)平均价格：________元/亩/年

主要造林树种名称	平均造林密度（株/亩）	整地和栽植费（元/亩）	苗木费（包括运输）（元/亩）	幼林抚育（元/亩）	抚育间伐（元/亩）	病虫害防治（元/亩）	护林防火（元/亩）	检查核查验收（元/亩）	单位面积年均蓄积生长量（m^3/亩）

填表单位：　　　　　　　　　　　　　联系人：　　　　　　　　　　　　电话：

4　主要评价指标分析

以上 4 个指标分别采用 Arc GIS 自然分割方法进行了 5 级处理，颜色深代表的级别高，数字也比较大。

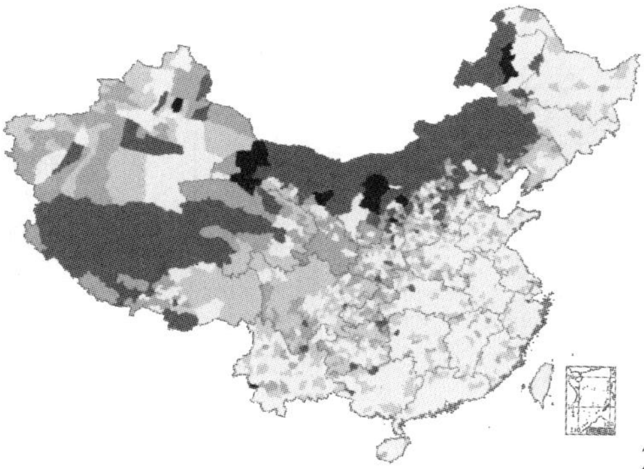

1

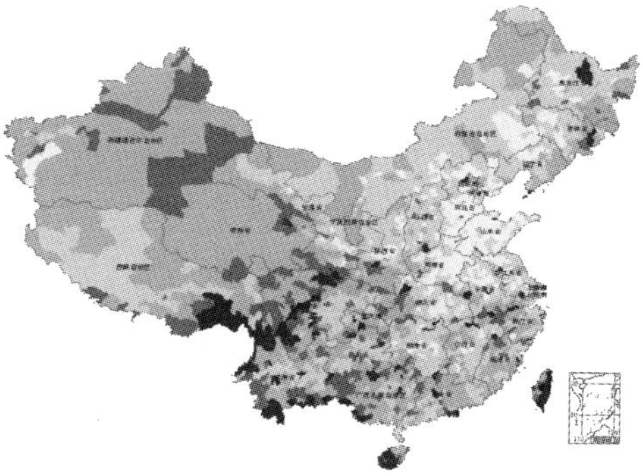

2

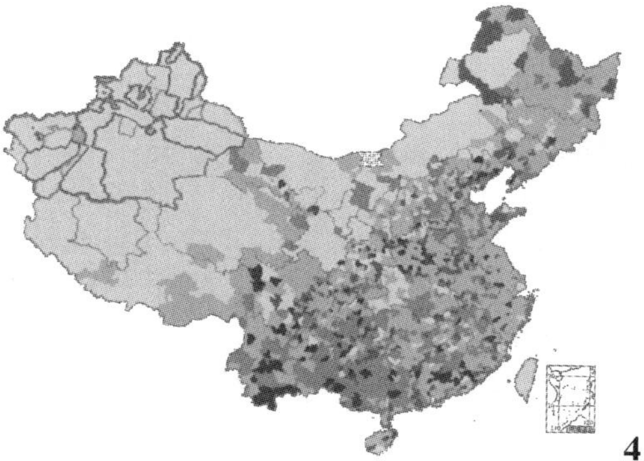

3

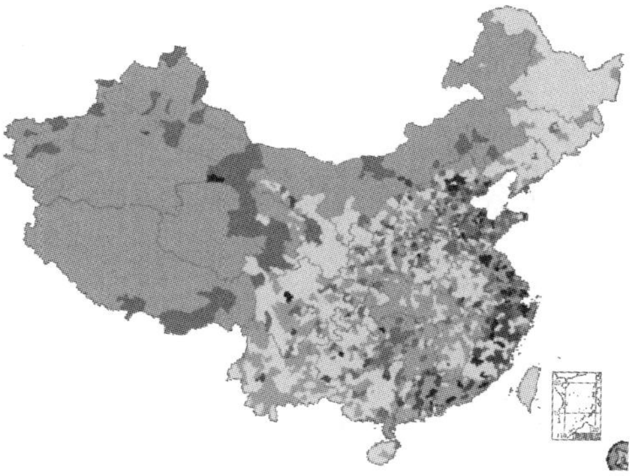

4

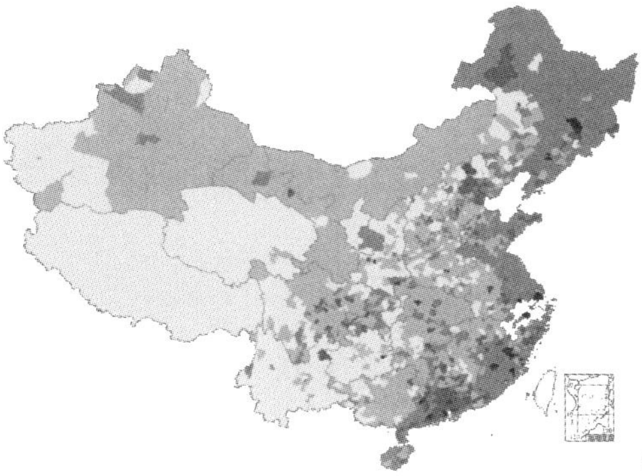

5

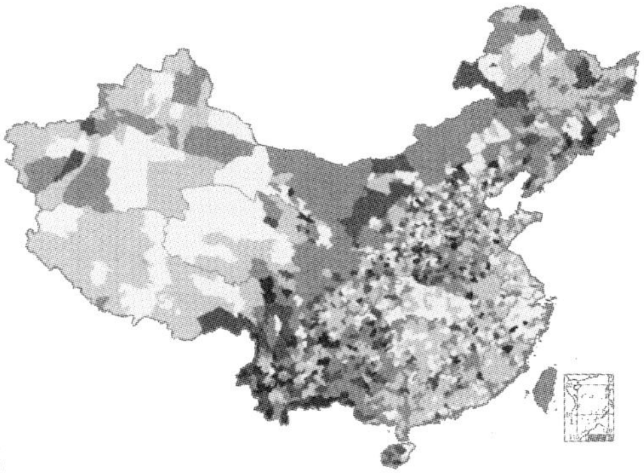

6

4.1　1990 年以来无林地(图 1)

无林地面积大于 41253hm^2 的县的分布区域：主要是自然环境比较恶劣、造林成活率和生长率相对较低的内蒙古、西藏、青海、新疆和其他省份。

无林地面积介于 5008～41253hm^2 的县的分布区域：主要是位于新疆大部分、甘肃的东南部、青海、西藏、山西、河北、辽宁、四川、重庆、云南和贵州，其中，四川、重庆、云南、山西和甘肃南部的自然条件比较好。

无林地面积小于 5008hm^2 的县的分布区域，面积比较小，造林项目较差的地区：主要是位于东北三省、东南沿海地区和南方大部分地区。由于自然条件优越和过去大规模的造林运动，可能缺乏在这些地区开展 CDM 项目的无林地。

4.2　生物多样性评价(图 2)

国家生物多样性处于四级和五级水平的区域主要位于云南、四川、广西和海南，在这些地方开展 CDM 项目对于生物多样性保护的意义是非常大的。

4.3　林木生长率(图 3)

单位面积材积年生长量大于 1.4m^3 的优势树种的分布区域主要是位于中国的西南、华南、东北的林区，在这些地方开展碳汇项目要比其他地区获得更多的碳汇。

4.4　造林成本(图 4)

我国主要树种造林成本的基本现状是西北干旱地区和经济发展速度快的地区造林成本较高。

4.5　人均年收入(图 5)

就国家人均年收入而言，低收入地区主要是西北和西南的大部分地区，中等收入群体主要是中国的北部地区、华中、华南和东北部分地区，高收入群体是北京、天津、浙江和广东地区。

5　基本结论(图 6)

通过对以上的指标逐一进行分析、对每一指标进行标准化处理，根据专家的意见赋予相应的权重进行叠加，得到了一些基本结论。

5.1 优先发展的区域

云南的南部和西北地区、四川的南部和西北地区、重庆的南部地区贵州的北部地区、广西的西北地区、海南的南部地区。

5.2 次优先发展区域

云南的大部分地区、四川西南、重庆的西南、贵州的大部分地区广西的北部。

6 成果应用

（1）通过研究确定中国 CDM 林业碳汇项目的优先区域，使我们掌握一个本底的信息；

（2）制定相应的管理规则或要求，提供一个基础支撑；

（3）为实施林业碳汇项目提供基础信息平台并指导项目选点工作和建立项目库；

（4）研究所采用的方法和通过研究得到的结果为国家主管部们提供 CDM 林业项目实践经验，并为下一步开展中国林业碳汇的计量和监测等相关工作奠定基础。

亚太地区的可持续森林经营和气候变化

Patrick Durst *

摘要： 亚太地区森林对于维持碳平衡作用巨大。本文从森林对全球碳汇的作用、森林与减缓气候变化、森林与气候变化适应、减缓气候变化与适应气候变化之间的联系、森林可持续经营的经验和政策问题等几个方面对亚太地区森林与气候变化问题进行了探讨，并介绍了亚太地区森林为缓气候变化所做的努力，包括提供资源支持：在碳市场上提供双边和多边的项目支持，为 REDD 示范活动提供资金，通过 GEF 为气候适应提供资金支持；为林业和气候变化组织编写有关专著，通过 FAO 网站发布相关信息；此外，还为 UNFCCC/IPCC 进程提供技术支持、支持 REDD 和气候适应举办有关 REDD 研讨会，并组织各国分享气候变化与林业问题的经验。

关键词： 亚太地区；减缓；适应性；REDD；财政；监测；评估

1 前言

随着全球气候变化形式的日益严峻，森林在全球气候变化过程中发挥了重要的作用。主要体现在 4 个方面：一是当森林被清除，乱采滥伐将会使全球碳排放增加 1/6；二是对气候变化反应敏感；三是通过可持续管理，可利用生物质燃料替代化石燃料；四是在 21 世纪前 50 年，森林生态系统可吸收大约全球碳排放量的 1/10。

2005 年各地区林地分布表

区域	林地面积（1000hm^2）	林地面积占全球面积比例（%）
非洲东南部	226534	5.7
非洲北部	131048	3.3
非洲中西部	277829	7.0
非洲总计	635412	16.1
东亚	244862	6.2
东南亚	283127	7.2
西亚	43588	1.1
亚洲总计	571577	14.5
欧洲总计	1001394	25.3
加勒比地区	5974	0.2
中美洲	22411	0.6
南美洲	677464	17.1

* Patrick Durst，联合国粮农组织亚太办事处

（续）

区域	林地面积（$1000hm^2$）	林地面积占全球面积比例（%）
北美洲和中美洲总计	705849	17.9
大洋洲总计	206254	5.2
南美洲总计	891540	21.0
全部	3952025	100

2　部门排放产生的影响

2.1　部门温室气体排放

根据研究，不同部门产生的温室气体量是不同的（如图）

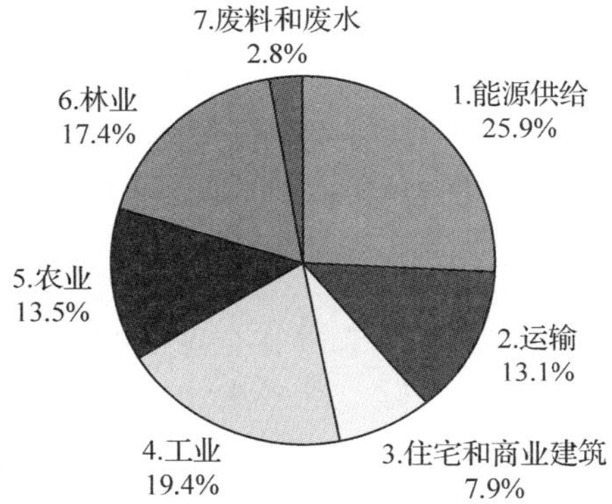

By sector（CO_2 eq）（2004）

2.2　生物燃料产量增加和毁林相关

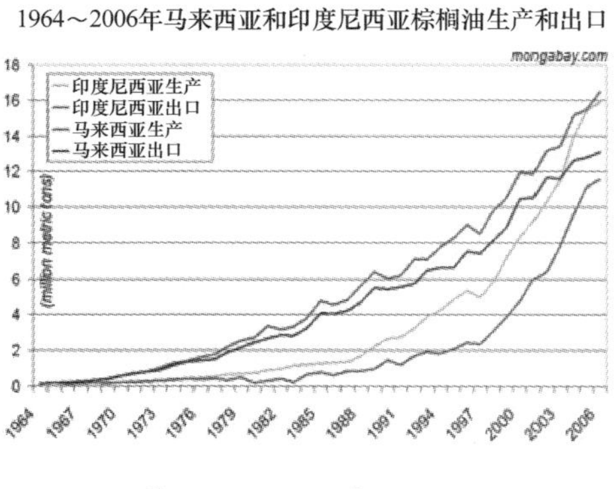

Source：mongabay. com

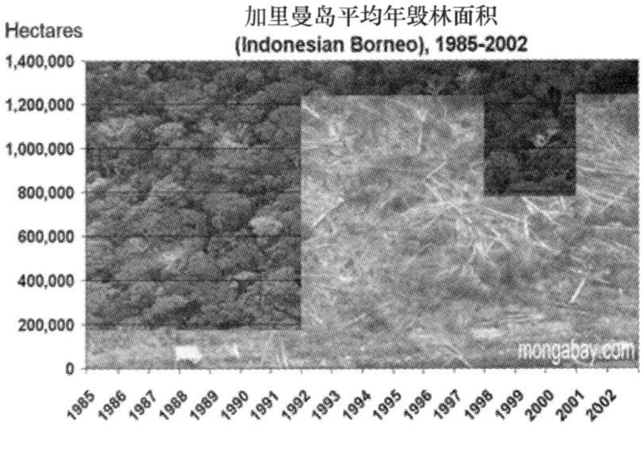

Source：mongabay. com

2.3　生物燃料的影响

生物燃料可以潜在提供一些减缓气候变化的利益，但是会伴随着多重风险，包括毁林；最终，生物燃料部门开发需要与食品安全和环境政策导向相匹配。

3　减缓对策

3.1　林业减缓气候变化的一些策略

（1）维持或增加林地面积：通过减少毁林、增加造林和再造林等措施来增加森林面积；

（2）维持或提高森林碳密度：减少森林退化；干涉森林管理 RIL 等；森林恢复；森林保护；野火管理等一系列途径；

（3）提高林产品作为碳储量功能的使用和化石燃料的替代作用。

3.2　减缓选择

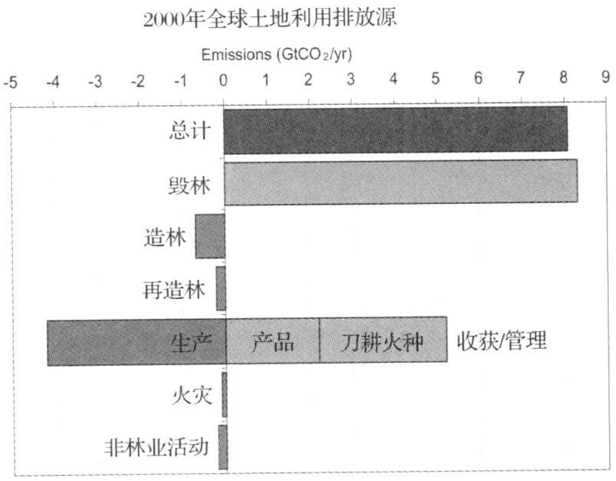

3.3　REDD 是减缓温室气体增加的一种重要途径

毁林已经成为继化石燃料燃烧产生的温室气体排放之后又一个重要的排放源，减少毁林排放是一种减少温室气体排放的最直接有效途径。“减少毁林是一种高经济效益的减排方法”Sterns Review（2006）REDD 是目前可以争取时间可利用的减缓措施，一直到转化为低碳经济。

在 COP13 缔约方会议确定了立即开展 REDD 活动的决议。巴厘岛行动计划决议 UNFCCC 准备到 2009 年的哥本哈根举行的 COP15 会议之前对后京都议定书的准备工作进行考虑；讨论包括：“发展中国家关于 REDD 的政策方法和积极激励，通过森林保护和可持续经营以提高发展中国家的碳储量”。

REDD 成功的必要组成

（1）KISS（“Keep it simple，stupid!）；简单、傻瓜型方法；

（2）准确监测和评估 REDD 具有重要意义，这也是清单报告的要求；

（3）需要全面加强对森林的监测、评估和报告（MAR）。日本基金项目的例子：加强对亚洲森林可持续经营管理的监测、评估和报告，提高森林评估项目非常重要，FAO 支持个别国家加强森林资源评估，提高报告和监测的精度和准确性。

4　林业对气候变化的适应性

4.1　气候变化的影响

大气温室气体浓度上升，导致温度上升，海平面上升、极端事件的频发。气候变化给森林生态系统和以森林为生的人们也带来了影响：气候变化导致森林生态系统的生物多样性发生变化，病虫害和火灾事件发生的风险增加，易受攻击的生态系统的风险，森林生产力和生态系统服务变化。

气候变化也给人类带来了间接影响：人口转化，增加了来自农业和生物燃料生产的土地压力。

4.2　林业适应性响应

(1)干涉森林管理：应用最好的经营措施提高森林恢复力；适应管理计划和作业来响应变化；遗传基因保障措施。

(2)减少以森林谋生的人们脆弱性措施：加强现有的应对策略；通过当地林业和以农用林为基础的企业使得农村收入多样化，减缓和适应性措施的"基于权利方法"(包括土地资源财产，本土农民权利)，加强制度框架使不同水平变化响应最大化。

5　减缓和适应性联系及其资金来源

应该将适应性和减缓措施结合起来一起考虑：如果大气中温室气体浓度继续增加，那么森林就更加会受到气候变化的影响，进而增加作为碳源的可能性，因此有必要提高森林和树木对气候变化适应性的恢复力和保持森林的减缓能力。森林适应性对策能够帮助减少气候变化对易受攻击人们的影响，否则这些人会给林地或林产品造成压力和使得他们的减缓潜力大打折扣。

减缓和适应性的资金支持：

(1)碳市场：调整 CDM 市场；自愿市场(36%的林业项目)；

(2)双边和多边支持森林减缓和适应性项目；

(3)REDD 样点专项基金：世行森林碳伙伴基金；挪威主动减少毁林项目基金；澳大利亚全球主动森林和气候变化；

(4)适应性基金：全球基金、在 COP13 确立的适应性基金。

6　气候变化相关出版物和研究成果

(1)Integrating climate change into forest policy and legislation: responding to the international framework;

(2)Manual on accessing carbon finance for the land - use sector (focus on voluntary carbon markets);

(3)Special study on climate change for FRA 2010;

(4) Special study on forests and climate change for the Asia – Pacific Forestry Sector Outlook Study;

(5) 其他森林和气候变化影像出版物：

CLIM – FO – L 服务网站：www. fao. org/forestry/site/climatechange/en。

7 其他活动，举行研讨会推进气候变化谈判

(1) 技术支持 UNFCCC/IPCC 进程：比如，REDD 和适应性的呈文，2006 年 9 月份主持 UNFCCC 的研讨会；

(2) 支持气候变化项目的国家；

(3) CDM 方法学不确定性论坛和经验交流：2008 年 6 月 3 ~ 5 日关于食品安全、气候变化和生物能的高水平会议，2008 年区域林业委员会会议的气候变化研讨会。

亚太森林可持续管理和恢复网络(APFNet)

刘昕①

摘要：森林对于人类社会的可持续发展发挥着重要作用。森林可持续管理，包括森林恢复，将对气候变化、社会发展和减缓贫困有突出贡献。本文简要介绍了亚太森林可持续管理和恢复网络(APFnet)成立的背景、目标、性质、合作机制和网络的运行机制。APFnet是为了应对气候变化问题，开展国际合作，为国际社会分享应对气候变化林业问题所开辟的一个信息交流、经验共享和合作研究平台。

关键词：森林可持续管理；恢复；网络；机制

1 背景

森林对于人类社会的可持续发展发挥着重要作用，具有经济、社会和环境等多重功效，其中包括至关重要的生态系统服务如减缓和应对气候变化。森林可持续管理，包括森林恢复，将对社会发展和减缓贫困做出突出贡献。

亚太地区森林资源丰富，拥有一些具有丰富森林资源的经济体。对亚太地区的森林进行恢复和可持续管理，不仅有利于促进区域内森林工业的发展，减缓依靠森林资源维持生计地区的贫困问题，而且有助于在国家和全球范围内减少碳排放、增加碳吸收、缓解和应对全球气候变暖。历史上由毁林引起的碳排放约占全球总排放的20%，由此可见，减少毁林、推进现有森林的可持续管理、开展再造林，对解决全球气候变化问题具有很大优势。

部分亚太地区经济体在森林恢复与可持续管理实践中积累了丰富的经验并培养了许多专家；而其他经济体则亟需减少毁林、遏制森林退化的信息和技术。建立“亚太森林恢复与可持续管理网络”将有助于缩小区域内经济体之间的差异及经验与技术的共享。

为此，中国于2007年9月在澳大利亚举行的亚太经合组织第15次领导人非正式会议上提出建立“亚太森林恢复与可持续管理网络”的倡议，得到与会各方的一致支持，美国和澳大利亚共同响应发起。该倡议最后写入会议通过的《关于气候变化、能源安全和清洁发展宣言》，即在亚太区域内“加强森林可持续管理能力建设与信息交流”。

2 网络宗旨

通过能力建设、信息共享、区域政策对话和试点项目等手段共同促进和提高亚太地区的森林恢复与可持续管理水平。

3 网络目标

(1) 促进区域内森林恢复，开展造林和再造林，为实现“2020年之前达到APEC区域内各种类型森林面积增长2000万 hm^2”的目标做出贡献；

---

① 刘昕，国家林业局国际司。

（2）加强区域内森林可持续管理，提高森林质量，包括减缓和应对气候变化，增加碳吸收；

（3）提高区域内森林生态系统的生产能力和社会经济效益，并加强生物多样性保护。

4 网络性质

（1）开放性和广泛参与：网络将面向经济体、其他主权国家政府机构、国际机构、私人部门、非政府组织和科研机构开放。

（2）互补性：网络将加强与区域内现有森林机制的沟通，寻找机会促进合作，同时避免功能重复。网络将积极支持联合国森林论坛(UNFF)多年工作计划、《不具法律约束力的国际森林文书》以及全球森林目标的实施。网络还将作为对澳大利亚提出的全球森林与气候倡议、国际热带木材组织(ITTO)以及联合国粮农组织(FAO)区域活动的有益补充。

5 潜在的重点领域

网络初期的潜在重点活动领域包括以下方面：

（1）森林与气候变化，包括森林生态系统对于全球变暖的适应功能；

（2）国家林业项目开发和政策发展及决策；

（3）森林可持续管理和恢复的经济激励机制，包括建立生态系统服务市场；

（4）加强林业相关机构建设，促进林业制度改革，如明晰林权改革；

（5）森林资源清查、监测与评估，包括“森林可持续经营标准与指标”的建立；

（6）提高森林质量，促进森林健康，包括森林防火与病虫害防治，森林生物多样性保护；

（7）加强森林执法与治理，解决非法采伐与相关贸易问题；

（8）基层森林经营管理技能和发展社区林业企业；

（9）加强私有部门与公共部门的合作关系以及公众意识的培养和宣传。

6 网络运行机制

(1)网络与 APEC 的关系：网络不作为正式的 APEC 下属机构，但将向 APEC 汇报其进展与活动。此外，网络将通过 APEC 渠道申请小规模项目资金。

（2）议事协商机制：中美澳三方及其他潜在的合作伙伴代表将建立议事协商机制，就网络的运行及未来发展进行协商。

（3）网络秘书处：中方将于初期组建网络临时秘书处，由一位司长主持日常工作，同时秘书处还将建立并维护网络正常运行。网络临时秘书处已经开始着手运作相关工作。

7 网络资金机制

中国和澳大利亚将为网络启动提供资金支持。这部分资金将支持网络初期活动，并将吸引来自公司企业和国际机构等的自愿捐助。设立网络信托基金、以及向 APEC 申请资金的可能性将视网络未来发展而定。

- Information：http：//www. apfnet. cn.

北京林业碳汇发展的初步实践及趋势展望

何桂梅　王小平①

摘要： 简述了近年来北京林业碳汇发展的初步实践，分析了当前北京林业碳汇发展中存在的问题，对未来北京林业碳汇的发展趋势进行了展望。

关键词： 北京；林业碳汇；实践；趋势

1　林业碳汇问题提出的背景

由于森林的碳汇作用十分明显，1997 年通过的《京都议定书》承认森林碳汇对减缓气候变暖的贡献，并允许发达国家通过清洁发展机制向发展中国家提供资金和技术，开展造林、再造林碳汇项目，将项目产生的碳汇额度用于抵消其国内的减排指标。与直接减排措施相比，通过林业碳汇措施来实现对二氧化碳等温室气体的吸收与固定，不仅可以达到间接减排的效果、获得巨大的综合效益，而且操作成本低、易施行，是目前应对气候变暖最经济、最有效的手段。

2　北京林业碳汇发展的初步实践

2.1　大力开展植树造林，森林资源总量显著增加

长期的植树造林、资源保护与绿化美化等工作使得北京的森林资源总量显著增加，到 2007 年底，全市的林地(绿地)总面积已达 105.33 万 hm^2，林木覆盖率达到 51.6%，森林覆盖率达到 36.5%。

2.2　开展森林生态服务价值研究，初步摸清了我市森林资源的碳储量

利用 2004 年的森林清查资料对北京森林资源的碳储量等进行系统研究的结果表明：北京市森林资源总碳储量为 1.1 亿 t，森林资源年固定二氧化碳量约为 967 万 t(碳汇量)。

2.3　林业碳汇研究陆续开展

从 1999 年以来，北京市园林绿化局先后同中国林科院以及北京林业大学等单位合作通过“北京市森林资源价值核算”、“北京山地森林生态系统服务功能及其价值”、“北京东灵山三种温带森林生态系统的碳循环”等课题对北京林业碳汇进行了研究；并在市科技重大项目“北京山区森林健康经营关键技术研究和示范”中专门设置了 2 个碳汇相关的子课题。2008 年，北京市正式启动了“中国绿色碳基金中石油北京市房山区碳汇项目”和全国首批个人捐资碳汇造林项目“北京市八达岭林场碳汇造林示范项目”。

---

① 何桂梅，王小平，北京市园林绿化局国际合作项目管理办公室

2.4 林业碳汇问题引起了各级领导和社会各界的高度关注

北京市领导高度重视林业碳汇工作，在深入调研及参与相关碳汇活动的同时，做出明确批示，要求市园林绿化局认真研究、统筹考虑、深入推进我市的林业碳汇工作。目前，多项宣传和培训工作已相继开展，如“现代林业发展理念与实践”高级研修班培训、“北京第一个零排放会议”、“生态科普暨森林碳汇”大型公交宣传活动等。随着我市林业碳汇工作的进一步深入，社会公众对碳汇工作反响热烈，越来越多的个人、团体、组织及企业对参与林业碳汇表示出良好的意愿，并愿意采取积极措施加入到造林增汇的活动中来。

3 北京林业碳汇发展存在的问题

北京林业碳汇发展虽然面临很多机遇，但同时也存在很大的挑战。目前主要面临以下问题：①公众和社会对碳汇问题缺乏认识，对森林碳汇功能与作用了解不多、认识不够、宣传不足，缺少碳汇相关知识；②对碳汇基础理论与技术研究不足，缺乏统一有效的研究方法和经营调控标准技术体系以及对未来碳汇发展潜力的预测；③森林生态效益补偿的实践刚刚起步，现行补偿政策只是对生态管护员不完全的工资性补偿，没有充分体现生态效益补偿的实质；④现有森林的碳汇功能较低，森林资源质量不高，尤其是人工林多为纯林和低矮的单层林结构，树种单一，结构简单，物种多样性低，稳定性较差，生长缓慢，森林的固碳功能未能充分发挥。如经过良好经营，北京森林的碳储量和碳汇能力还有很大的提升空间，森林增汇的潜力很大。

4 北京林业碳汇发展趋势展望

4.1 加强宣传，普及林业碳汇知识

通过政府引导，组织各大新闻媒体，大力开展林业碳汇相关的活动，弘扬生态文化，增强公众生态与环保意识，普及林业碳汇相关知识，让碳汇深入人心，吸引更多的企业、团体、组织或个人志愿参与中国绿色碳基金北京专项的筹建工作，扩大林业生态建设的融资渠道。

4.2 加大碳汇知识培训力度

有针对性地对管理人员、技术人员以及媒体机构开展碳汇知识培训，如国内外林业碳汇的发展现状与趋势，碳汇生产、计量、评估和监测有关的方法和技术，碳汇交易与管理的政策体系、碳汇项目管理与实施的相关规则及程序等，促使培训对象深入了解林业碳汇相关的理论和方法，推进北京林业碳汇工作有序深入地开展。

4.3 以“绿色奥运”为契机，推进碳补偿行动

通过与“绿色奥运”相关活动结合，充分利用多种媒体及渠道，对公众进行碳汇宣传和教育，鼓励境内外来京参加奥运的人士志愿出资购买碳补偿以抵消个人旅行及参会所排放的二氧化碳，兑现绿色承诺，丰富“绿色奥运”内涵。另外，鼓励和动员车辆使用者购买碳补偿，为其机动车贴上“绿色车贴”，以达到绿色出行的目的。

4.4 积极筹措资金，建立中国绿色碳基金北京专项

北京市园林绿化局率先行动，在全局范围内捐资，并在全市范围内积极组织开展捐资购买碳汇活动。在政府部门或公共场所设立个人购买碳汇的“销售点”，公布网上定点销售渠道，积极发动企业、社会团体、组织和个人进行社会集资以及筹集其它项目资金等，建立北京专项，促进以增汇为目的的林业活动的广泛开展。

4.5 建立和完善北京森林生态效益补偿机制

根据资源与环境经济学理论，公共物品应该由政府提供，或由政府出资，个人经营。森林的生态效益是全社会共享的，政府应按照森林提供的生态价值实行补偿，这样才能充分体现生态补偿的实质。在政府财力尚不足以对森林生态效益进行完全补偿的情况下，以森林碳汇效益补偿为突破口，完善北京森林生态效益补偿机制，使其逐步贴近补偿的生态本质，贴近森林生态服务价值。

4.6 加强森林健康经营，提高林分质量，增加森林碳汇

有计划、有步骤地调整森林布局，加强山区低质低效林改造，改善林分结构、增加物种多样性、加强森林土壤经营、提高林分质量和生产力，促进森林健康生长。拟实施 4.5 万 hm^2 宜林荒山绿化造林工程和 46 万 hm^2 低效生态公益林健康经营工程，努力实现森林固碳功能最大化和碳汇总量的快速增长。

4.7 开展林业碳汇相关研究与试验示范

借鉴国际社会林业碳汇发展的先进经验，充分利用北京的资源优势，积极组织相关力量，研究碳交易管理政策及相关规则，建立北京森林碳汇计量、监测和评估的方法学体系，建立森林增汇试验示范区，开展森林碳汇基础理论与增汇调控技术研究，促进林业碳汇项目有效开展。

4.8 成立北京林业碳汇工作机构

为推进北京林业碳汇工作的深入开展，应在部门协调的基础上，建设林业碳汇机制体制，明确各方责任。成立相应的林业碳汇工作领导小组，统一领导北京的林业碳汇工作，负责北京林业碳汇的管理与决策；同时，成立北京林业碳汇管理办公室，负责全市林业碳汇工作的管理、协调、指导和实施落实，按照领导小组议定的事项做好协调服务工作。

参考文献

[1]李怒云．中国林业碳汇．北京：中国林业出版社，2007.

[2]中国科学院地理科学与资源研究所.《北京市森林资源资产评估方法体系》项目报告书. 北京市林业勘察设计院，2007.

[3]首都园林绿化政务网，http：//www. bjfb. gov. cn.

[4]北京市园林绿化国际合作项目管理办公室，http：//www. bfdic. com/.

[5]《北京市园林绿化局2008年林业碳汇行动计划》，2008年5月14日印发．

WWF & 生物能源

郭然*

1 内部环境——WWF 的气候途径

在全球气候变化的前提下，WWF 采取气候途径应对气候变化，主要结论：

(1)气候变化对生物多样性的威胁将会超过人类活动引起的威胁；

(2)利用已知技术形成可持续的能源高可能性概率能够用于发电以满足到 2050 年双倍的能源需求；

(3)完成 60% ~80% 减少气候危险排放；

(4)使得二氧化碳的浓度稳定在 400μL/L，希望避免气候变化的危险和使增温保持在 2℃。

(5)6 个途径，其中之一是广泛使用的可更新的能源；

(6)加热和运输的生物能源潜力巨大，但是如果执行不可持续的话，将会引起可怕的错误——比如清除生物栖息地用来种植能源林；

(7) 到 2050 年，包括从可持续的生物能源中有相当于 110 ~ 250EJ/a 的情景，最优估计是 180EJ/a。总之，这些低排放技术到 2050 年能够提供 513EJ/a，或者在应用效率后提供 70% 的供应。

2 外部环境

生物能源的不同驱动力(气候变化、农村发展和能源安全等)；

快速增长：生物能目标大于世界 50 国家；

一些争论：农业补贴、关税和自由贸易等；开展敏感性日用品生产；

全球大约 46EJ 生物能(IEA，2006)；

传统实物生物量(薪材、粗肥、木炭、稻草)：35EJ 和超过 1/2 全球木材消费一致的政策；

到 2010 年阻止生物多样性减少；

减少毁林和森林退化的排放（大约占全球温室气体排放的 20%）；

这个目标的执行程度取决于土地利用的执行。

3 潜在影响

加大对当前农业和林业利用土地和多样生态系统转化增加生产能力。

---

* 郭然，Guo Ran，WWF 林业项目官员。Rguo@ wwfchina. org

3.1 来自农业的更大环境威胁

栖息地的损失；
土壤流失——全球有一半的表层土损失；
农业利用的化学品多余其他产业；
污染——超过其他人类活动；
气候变化——25% ~40% 的温室气体推动了气候变化。

3.2 替代食物安全

生物能给料生产替代其他土地利用。替代给料的市场需求不会在出现，处理替代是非常复杂的问题因为要通过边界和农田社会问题。

3.3 正面影响包括

温室气体储量——温室气体减排是 WWF 调查生物能潜力的最主要的原因；
有助于就业和更新能源政策；
农村发展；
用现代能源替代无效能源。

4 生物能可持续发展的保证

可持续的生物能 = 农林业管理的可持续性 + 温室气体功效和社会功效；

WWF 观点认为不能产生巨大减排作用的生物能理由是不充分的，以一种合理的行为生产；

环境效益最小化和社会影响最大化：高保护值地区的非转化：森林、可持续的草地、泛滥平原等；水土资源的负责利用；生物多样性保护。

5 国际后标准策略

需要国际同意生产标准覆盖所有农田；
标准不应该用于贸易保护主义者的目的和不应该不利于小生产者。
应该确保合法、环境和社会的可持续性；
应符合 ISWAL 标准。

ISWAL 标准

生物能标准	FSC（森林）	RSPO（棕榈油）	BSI（蔗糖）
标准 1	是	是	否
标准 2	是	是	是
标准 3	否	是	否
Etc.			

6 需要考虑的问题

WWF 不想弄出一套新的生物能标准的方案，更多的方案会产生迷惑并且对生产者是一个额外的负担；

可靠的方案推动可靠的生产；

多数方案需要一些变化：比如温室气体的度量；

没有认证方案的前提下对农业我们应该做些什么？

7 认证的局限性

认证并不能解决全部的问题，不能处理。

替代：替代通过农田和边界。没有替代农田的需求但大多数会创造一个新的生产能力；

间接土地利用变化将会严重影响到生物能给料的温室气体平衡；

土地利用冲突：和食物竞争。

8 其他方法的需求

支持有效的、共享土地利用计划、加强执法和避免间接的土地利用变化；

支持 GHG 和环境“有效生物能”比如2代汽车而不是1代汽车。联系温室气体刺激和环境执行；

支持基于垃圾产品生物能生产，改进现存系统的效率（印度尼西亚通过更好的管理实践能够提高他的棕榈油生产）和促进空闲地的生产。

9 现状

缺乏决策的对比数据；

方法学不一致：对比产业链；寿命周期分析（包括对温室气体和能源平衡作什么）；

集中在价格和收益率，不可持续性或影响；

影响预测需求—— 在20年内在哪里转化生产，哪种农作物支配生物燃料——这是目前没有解决的问题。

10 WWF 和生物能

国内框架（地位和策略）；

有 WWF 的4个人员全职负责生物能；

生产国需要能力建设；

焦点应该是减缓影响和安全；

WWF 还没有决定在哪里开展生物能工作：MTNI 或者保护政策和实践单位的能源中心。

11 未来开展的活动

（1）欧盟生物能认证进程；

（2）退化土地项目—— 如何以共享的方式确定退化和闲置土地；

（3）多种区域焦点的生物能潜力研究。

森林与气候变化
中国森林对话机制
日程

2008年5月8-9日,国际竹藤大厦,中国北京

2007年5月7日　注册		
2008年5月8日		
07:30 - 09:00	注册	
时间	主题	主持人
09:00 - 09:40	开幕式 ——国家林业局领导讲话 ——GTZ代表讲话 ——FAO代表讲话	中国林科院副院长 刘世荣研究员
09:40-10:00	集体照/ 茶歇	
主题1 气候变化公约林业议题进展 主持人:国家林业局国际合作司 章红燕 副司长		
时间	主题	发言人
10:00 - 10:30	联合国气候变化框架公约林业议题	姜春前 研究员
10:30 - 11:00	巴厘岛会议对林业部门的影响	Mr. Reinhard Wolf, GTZ
11:00 - 11:30	REDD(减少发展中国家由毁林导致的温室气体排放)	巴布亚新几内亚
11:30 - 12:00	以森林可持续经营减缓气候变化的影响:越南的经验	Vietnam Program, GTZ
12:00-13:40	午餐	
主题2 林业碳汇项目与机制 主持人:GTZ代表		
时间	主题	发言人
13:40-14:10	日本复层林推广	Mr. Ozawa Fusho
14:10-14:40	自愿碳市场:加州天然管理取得的信用	Dr. Andrea Tuttle
14:40-15:10	农林业和土地利用碳汇项目	Mr. Timm Tennigkeit, CIM
15:10-15:40	CDM造林再造林项目实施情况和障碍分析	王春峰 处长
15:40-15:50	茶歇	
15:50-16:20	中国绿色碳基金及其管理介绍	陆诗雷处长
16:20 - 16:40	亚太森林恢复和可持续发展网络	刘昕处长

16:40 – 17:20	中国应对气候变化国家方案	李丽艳，国家发改委气候办处长
17:20 – 17:50	讨论	
18:30	欢迎晚宴	

2008 年 5 月 9 日
主题 3：气候变化政策
主持人:国家林业局造林司 王春峰 处长

时间	主题	发言人
09:00 – 09:40	亚太地区气候变化与林业	Patrick Durst, FAO
09:40 – 10:10	中国 CDM 项目优先区域评价介绍	章升东
10:10 – 10:30	北京林业碳汇发展现状、趋势及面临的挑战	北京市林业局 王小平
10:30 – 10:50	生物能源与森林	世界自然基金会 Dr. Guo Ran,
10:50 – 11:10	茶歇	
11:10 – 11:50	讨论	
12:00 – 13:30	午餐	
	小组讨论及会议总结	
时间	活动	召集人
13:40 – 15:40	第一组,方法学	Timm Tennigkeit;姜春前
13:40 – 15:40	第二组,碳汇及其政策	Andrea Tuttle;王春峰
15:40 – 16:00	茶歇	
16:00 – 16:30	第一组总结发言	
16:30 – 17:00	第二组总结发言	
17:00 – 17:50	大会总结	
18:00	晚餐	

The 4th Forest Dialogue Forum of China
"Forests and Climate Change"
(Beijing, 8-9 May 2008)

Triggered by the Fourth Assessment Report of the Intergovernmental Panel on Climate Change, the spectre of the collapse of the world's climate has captivated public attention as never before. Governments acknowledge that business as usual needs serious overhaul to contain the worst. Forest conservation, forest cover change, sustainable management of forests and associated carbon stocks, in all likelihood, will be part of a future climate regime. Covering some 190 million hectares, China's forests are a formidable asset for climate change mitigation both, domestically and globally.

Against that backdrop, the 4th Forest Dialogue Forum brought together some fifty experts from government agencies, civil society and international organizations. The Forum's conclusions are summarized as follows:

• Climate change has brought back forestry to the international agenda. This momentum needs to be maintained and the opportunities to be seized. Foresters stand ready to structure the communication necessary to address political and public audiences.

• The principles of managing forest carbon stocks are similar to the ones that promote Sustainable Forest Management. SFM can reduce the vulnerability of society, for instance, to water scarcity and biodiversity loss. Combined forest mitigation and adaptation options should, therefore, be evaluated holistically in the context of China's 12th Five – Year Development Plan.

• Forestry in China has a large mitigation potential that is now underutilized. To tap it, requires developing baseline and monitoring methodologies for carbon asset management.

• Demonstration projects should, amongst others, encompass agro – forestry, bamboo cultivation and the management of ecological forests. Field tests should focus on ways to increasing forest carbon stocks, such as through expanding rotation periods and application of specifically designed silvicultural treatments.

• A national forest Greenhouse – Gas emission inventory should be in place so as to prepare for public compensation or carbon trade.

• Trading forest carbon assets, requires a clear – cut policy and marketing strategy. There are two evolving segments: the mass and the "charismatic" carbon market. The latter promises premium returns, but requires strong co – benefits (e. g. significant biodiversity conservation and community involvement).

• In line with the above, the existing national SFM Guideline needs large – scale field application coupled with refinements according to regional and local conditions, capacity development as well as targeted data, information and knowledge sharing.

Forests are a global public good. They are essential elements of the global carbon cycle. Concerted efforts by the global community is, therefore, urgently needed. China is walking that line by building a "harmonious, conservation – minded and environment – friendly society". Visions like this are part of the "survival kit" needed to avert the probability of disastrous global change.

Content

Forestry – related Issues at UNFCCC and Kyoto Protocol

Jiang Chunqian*, Bai Yanfeng

Abstract: Climate change is a global issue that greatly concerned by the international community. In 1992, there was a practical active to pass the United Nations Framework Convention on Climate Change (UNFCCC) and then the *Kyoto Protocol* (KP) in 1997. Forest plays an important role in mitigation of climate change, and so it's a great part of negotiation on climate change. This article mainly describes three forestry topics in the context of UNFCCC: clean development mechanism (CDM), reducing the emissions from deforestation and forest degradation in developing countries (REDD) and harvest wood products (HWP).

Keywords: UNFCCC, Kyoto Protocol (KP), CDM, deforestation, harvested wood products

The increase of greenhouse gas (GHG) concentration in atmosphere has arose the climate change, and it threatens people's survival and health and also the sustainable development of society. For mitigating the climate change, United Nations Framework Convention on Climate Change (UNFCCC) was passed in 1992. The Achieving the ultimate objective of UNFCCC of avoiding "dangerous interference" with the global climate system will require policies that "cover all relevant sources, sinks and reservoirs of greenhouse gases" (UNFCCC, 1992)-including those from land use, land-use change and forestry (LULUCF). The third Conference of Parties, held in Kyoto, 1997, passed the "*Kyoto Protocol* to the United Nations Framework Convention on Climate Change", which "quantified emission limitation and reduction commitments inscribed in Annex B" (UNFCCC, 1997).

Forest is the main body of terrestrial ecosystem, which plays double roles in climate change: one is the carbon "sink" for photosynthesis, and the other is the carbon "source" for deforestation and forest degraded. Forest plays an important role in global carbon cycle, and it's one great part of the international climate change negotiations. Land use, land-use change and forestry (LULUCF), clean development mechanism (CDM), reducing the emissions from deforestation and forest degradation in developing countries (REDD), as well as harvested wood products (HWP) were included.

1 Clean Development Mechanism (CDM)

Clean development mechanism was derived from Brazil proposal —*clean development fund* and

* Jiang Chunqian, Professor, Research Institute of Forestry, Chinese Academy of Forestry. E-mail: jiangchq@caf.ac.cn

established in the article 12 of *Kyoto Protocol*. CDM is cooperation mechanism between developed countries and developing countries. Developed countries achieved their reducing emission aim through providing finance and technology to developing countries, and developing countries could get the finance and advanced technology on project cooperation , and promote sustainable development. It's a win-win mechanism. Afforestation / Reforestation is the eligible CDM project during the first commitment period (2008 – 2012).

2 Reducing the Emissions from Deforestation and Forest Degradation in Developing Countries(REDD)

2.1 Status of deforestation in the world

Since industrial revolution, the area of global deforestation has been increasing. Tropical deforestation has been one of the most serious carbon sources. During 1980 ~ 1995, 15.5 millions ha of tropical forests were lost annually and the area of global deforestation was 14.6millions hm^2/a between 1990 and 2000 and tropical deforestation accounting to 97.3% ; the annual loss was at 13millions ha during 2000 – 2005 (FAO,1999,2001,2006).

Deforestation affects economic increase and threatens the human health and cultural integrity of forest-dependent people at the local level. It also reduces the supply of forest products and causes siltation, flood and soil degradation.

The deforestation in China mainly results from the drives of economical construction, such as construction of highway, railway, urbanization and change into agriculture land. However, there is no official data according with definition of deforestation in UNFCCC.

2.2 Background of REDD

Marrakesh Accords (11./CP7) :The direct human -induced conversion of forested land to non-forested land. The definition does not include harvest that is followed by forestry regeneration since this is considered a forest management activity. Forest cover loss resulting from natural disturbances, such as wildfires, insect epidemics or wind storms, are also not considered direct human-induced deforestation, since in most cases these areas will regenerate naturally or with the help of human. Human activities (since 1990) such as cropland management or the construction of roads or settlements, that prevent forest regeneration by changing land use on areas where forest cover was removed by a natural disturbance, are also considered direct human-induced deforestation (GPG-LULUCF, 2003) . Deforestation was not the eligible CDM activity because of the baseline and methodology issues.

PNG and Costarica proposed to add "reducing emissions from deforestation in developing countries : incentive mechanism" in provisional agenda of COP11, in 2005 (UNFCCC, 2005). Annex-1 parties worried about they may pay too much, and deforestation serious non annex-1 parties also worried to share limited money.

Subsidiary body for scientific and technological advice (SBSTA) held twice workshop on incentive mechanism, methodology and policy approaches of deforestation topic. COP13 also continued to discuss the material action to reduce the emissions from deforestation in developing countries. REDD is becoming one of the significant topics in climate change negotiation.

2.3 Views on REDD

2.3.1 Disadvantage of CDM-like Market Approach to REDD

At present, there are disadvantages of CDM-like market approach to REDD. For example, it would only offset the reduce/ limited emissions commitment of countries, leakage risk at project level, but internationally leakage happened at national level, data collection (historical) at national level in many developing countries is difficult, and so on.

2.3.2 Incentives on REDD

REDD is one of the direct means for reducing emissions.

— Separate with A/R CDM;

— Step by Step (demonstration-methodology-Further negotiation);

— National level or sub-national level (regional or provincial level).

2.3.3 Incentives to increasing carbon stocks

Like afforestration/reforestation, forest conversation and restoration can increase carbon stock, and it's the direct approach to reduce deforestation. However, some developed countries argued against its as one approach to increasing carbon stocks, and some developing countries (Brazil) considered forest conservation could share limited fund of deforestation.

— Forest conservation and vegetation restoration;

— Sustainable management of forest;

— Forest cover increasing.

3 Harvested Wood Products(HWP)

3.1 Negotiations on HWP

Forest harveiling and wood products using are component of the carbon (C) cycle for the forest ecosystem. Part of the carbon contained in the roundwood harvested is released to the atmosphere in the harvesting year / within several years, by and burning as fuelwood the decomposition in use or in the landfill. With the development of economics and the enhancement of the standard of living, the demand of wood products is more and more great. For the special characters of wood products: renewable capability, spontaneous degradable and little environmental pollution, and they can substituted intensive products such as concrete, steel and iron used in buildings. It can offset part of GHG emission to make use of C stocks in HWP, and so the evaluation of methodology was primary proposed during the SBSTA 4 in March, 1996.

Methodology of wood products initially put forward in SBSTA 4. All parties welcomed to held expert session on the methodology of estimation and requested secretariat to prepare a report on the scope of methodology. The revised 1996 Intergovernmental Panel on Climate Change (IPCC) guidelines for national greenhouse gas inventories (IPCC Guidelines, 1997) provide a default approach. It assumed "For the purposes of the basic calculations, the recommended default assumption is that all carbon removed in wood and other biomass from forests is oxidised in the year of removal. This is based on the perception, which stocks of forest products in most countries are not increasing significantly on an annual basis. This is clearly not strictly accurate in the case of some forest products, but is considered a legitimate, conservative assumption for initial calculations." (GPG-LULUCF, 2003). The recommended default assumption that harvested wood is oxidised in the removal year, has the same effect as the case where there are no significant changes in product stocks. But Winjum *et al*(1998) estimated global C stocks are increasing and carbon sequestration in HWP at about 139 Tg C/yr^{-1} in 1990. If a country can document the stocks of the longlif products are increasing, the C stocks should contain the national inventory.

SBSTA-15 requested the secretariat to prepare a technical paper on HWP accounting, taking into account socio-economic and environmental impacts, including impacts on developing countries. How to estimate the carbon stocks in HWP exactly has become the topic of negotiation. To overcome the problem, two important IPCC expert workshops were organized: the one was the workshop on methodology in Dakar 1998, which suggested three alternative approaches to estimating the fate of carbon in HWP[Stock-change approach(SCA), Production approach(PA) and Atmospheric-flow approach(AFA), Brown et al,1998)], and the other was the workshop held in New Zealand in 2001. SBSTA considered and took note of the technical paper and other methodology at future sessions. Good practice guidelines for land use, land-use change and forestry (GPG-LULUCF, 2003) provided methodology guidelines for carbon stocks and estimation. The SBSTA noted the estimation, reporting and accounting of carbon stocked in HWP in the context of the UNFCCC and KP could affect forest management and wood products international trade, as well as socio-economic and environmental implications.

The SBSTA invited parties in a position to voluntarily report on HWP in their national inventories in a manner consistent with UNFCCC guidelines. And agreed to consider other issues such as sustainable management, wood trade and so on, at future sessions.

3.2 The Carbon Stock-change of HWP in China

Forest harvesting and wood product using change the carbon balance between forest ecosystem and atmosphere. The carbon in Harvested wood products is an important component of terrestrial ecosystem carbon cycle. Roundwood production are increasing year by year and commercial roundwood production was 5.2 million m^3 in 2004 ,the total quantity of supply in national wood market was about 30.7 million m^3(SFA, Report on forestry development in China, 2005). The carbon flows and stocks in HWP in China were estimated by using the three accounting approaches which were identified during Dakar session in 1998. We conclude that the HWP is a carbon reservoir and the carbon stock-change is increasing during 1961 ~ 2000. The results are different by stock-change approach, production approach. The C stock of estimation by stock-change approach is the highest among three approaches for our country is the net import (Fig. 1).

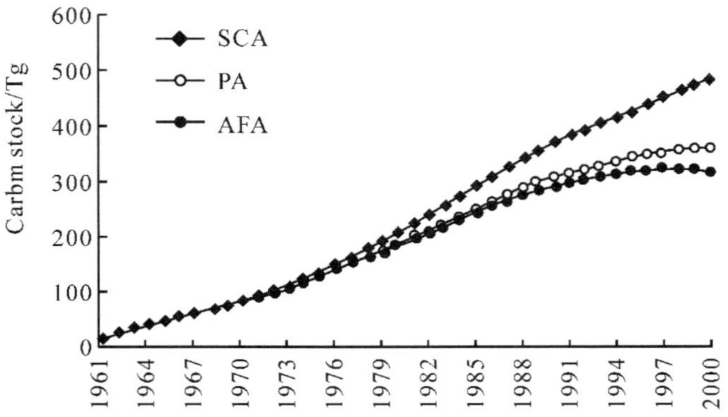

Figl The estimation results using FAO data in HWP

3.3 Implications of Each Approach

The main difference among approaches is where and when the C stock-change happen . The accounting and estimation on C stock-change in HWP in the context of UNFCCC and KP could have a potential effect on the forest and sustainable management practice, as they may influence the implement of polices and measures that affect the quantity and quality of GHG national inventory about HWP. Implications on socio-economic and environment of the accounting and estimation on HWP in the context of KP depend on the approach followed to allocate emissions. And so they will be different for developed and developing countries. The choice of approach can affect other issues such as employment and population. All of these depend on the actually practice of each approach (UNFCCC, 2003) .

3.4 Other Issues

So far, methodological issues in estimation and accounting of HWP have been discussed in several sessions by SBSTA and experts, as they referred to many difficulties, such as limited availability of data and their cost, uncertainty, implications, And the primary matter is how to deal with the allocation of C stocks and emissions in/from HWP refereed to international trade. SBSTA-26 agreed to considered these issues relating to HWP at future sessions in 2007.

There are a lot of challenge in China: ① Population pressure: 1949—542 million, 2005—1.308 billion, 2020—may be 1.469 billion, ② Low stock volume per ha. 84.73 m^3, only 84.86% of average stock volume in the world; ③ Low productivity of plantation: 46.59 m^3/ha. China is a developing country that vulnerable to climate change. However, China and other organizations insist scientific development view and implement sustainable development strategy according to the principle of "common but differentiate responsibilities" and "sustainable development" ,and also actively establish and carry out mitigation strategy of climate change. Forestry department expand forest area through restoration and plantation, strengthen forest conversation and sustainable management to improve carbon sequestration, enhance HWP substituted function as well.

References

Brown B, Lim B, Schiamadinger B. 1998. Evaluating approaches for estimating net emissions of carbon dioxide from forest harvesting and wood products. IPCC/OECD/IEA Programme on National Greenhouse Gas Inventories. Meeting Report. 1 –40.

IPCC 2003a. Good Practice Guidelines for Land Use, Land-use Change and Forestry. http://www. ipcc-nggip. iges. or. jp/public/gpglulucf/gpglulucf. htm.

Unite Nations. 1992 Unite nations framework convention of climate change. http://unfccc. int/resource/docs/convkp/conveng. pdf

UNFCCC. 1997 Kyoto Protocol to the United Nnations framework convention of climate change.

FAO. 1999. State of the world's forests 1999. Rome.

FAO. 2001. Global forest resources assessment 2000: Main report. FAO Forestry Paper 140. Rome.

FAO. 2006. Global forest resources assessment 2005. FAO Forestry Paper 147, Rome.

UNFCCC 2001. Decision 11/CP7: Land use change and forestry. In: Report of the conference of the parties on its seventh session, Addendum: Part 2: Action taken by the conference of the parties, Vol I. FCCC/CP/2001/13/Add. 1, 54 –63.

Winjum J K, Brown S, Schlamadinger B. 1998 Forest harvests and wood products: sources and sinks of atmospheric carbon dioxide[J]. Forest Science. 44(2), 272 –284.

Implications of the Bali Conference on the Forestry Sector

Reinhard Wolf * , GTZ, Environment and Climate Division

Abstract: This paper describes possible implications of the Bali conference on the forestry sector. After a short introduction, the results of the Bali conference are described with a focus on the issue of REDD (Reduced Emissions from Deforestation and forest Degradation in developing countries). In a final chapter, options on how to maximise country participation and bridging the gap between Annex-I and Non-Annex I countries are discussed.

Keywords: implication, Bali conference, REDD

Introduction

The links between forest and climate change have been controversially discussed with regard to their incorporation in international climate change agreements, especially when the Kyoto Protocol was drafted in 1997. In Kyoto, only establishment of new forests (plantation), commonly called Afforestation / Reforestation (A/R) were allowed within the Clean Development Mechanism (CDM). And indeed, planting new forests to absorb excess CO_2 in the atmosphere is the option that usually comes to mind first to many people in the context of harnessing forests for curbing climate change[1].

The possibility to compensate reduced emissions from deforestation (and forest degradation) in developing countries (REDD), as an additional element in the international climate regime, was excluded from the first commitment period of the *Kyoto Protocol* (i. e. 2008 – 2012). The idea was submitted by Papua New Guinea and Costa Rica, on behalf of the Coalition of Rainforest Nations, at the 11th Conference of Parties (COP11) to the UN Framework Convention on Climate Change in Montreal in 2005. The proposal has initiated a two year examination process, facilitated by the UNFCCC, and has attracted extremely high participation levels of the concerned stakeholders[2].

The Results from Bali

Decision 1/CP. 13 contains the Bali Action Plan[3], in which it was decided to "launch a comprehensive process to enable the full, effective and sustained implementation of the Convention through long-term cooperative action, now, up to and beyond 2012, in order to reach an agreed outcome and adopt a decision at its fifteenth session" (i. e. COP 15 in Copenhagen end of 2009).

The Bali Action Plan contains four main "building blocks": (i) mitigation, (ii) adaptation,

---

* Reinhard Wolf

(iii) technologie transfer and (iv) enhanced action on the provision of financial resources. The first building block (mitigation) contains the call for enhanced national and international action with regard to REDD[4].

The latter issue (REDD) was further specified in Decision 2/CP. 13, the so called REDD decision of Bali. Here, crucial advances were achieved with regard to the initial main points of contention, notably on the scope and implementation level of REDD①:

- Emissions from forest degradation have been acknowledged;
- Parties have been encouraged to explore a range of actions, identify options and undertake efforts, including demonstration activities, to address the drivers of deforestation relevant to their national circumstances, with a view to reducing emissions from deforestation and forest degradation and thus enhancing forest carbon stocks due to sustainable management of forests. This statement that underlines the role of forest conservation in climate change mitigation (which has been advocated for by India and China) and makes the case for sustainable forest management without engaging, at this stage, on the degree (or the form) of inclusion of forest conservation in a future REDD regime.
- Parties have been further encouraged, to support capacity-building, to provide technical assistance, and to facilitate the transfer of technology to improve, inter alia, data collection, and address the institutional needs of developing countries with regard to REDD.
- An indicative guidance has been provided in the annex to the decision as an aid in undertaking andevaluating the range of demonstration activities. Focus is on national activities. It is emphasized, that subnational② approaches, where applied, should constitute a step towards the development of national approaches, reference levels and estimates. This topic has caused a controversial debate as sub-national or project level approaches face the risk of leakage (i. e. spatial displacement of deforestation or degradation activities from the project to another site within a country).

Parties have been invited to submit by 21 March 2008, their views on how to address outstanding methodological issues. Until now, those submissions have not been published on the UNFCCC website.

The Implications of the Bali Conference on the Forestry Sector

The results of the Bali conference indicate, that the forestry is gaining a higher importance in the climate discussion. This is confirmed by a study conducted by Vattenfall, which sees tremendous abatement (mitigation) potential in the forestry sector[5], The two main aspects are (i) reducing emissions from deforestation (REDD) and (ii) enhancing forest carbon stocks by reforestation, forest conservation and sustainable forests management (SFM). Both aspects are two sides of the same coin.

---

① Sheila Wertz-Kanounnikoff (IDDRI)

② Activities carried out within the national boundary.

With regard to REDD, a number of countries have announced major initiatives. Norway has pledged 500 million USD per year to prevent deforestation[6], which would add to more than 2.7 billion USD over a five year period (2008 ~ 2012). The World Bank has launched the 300 million USD REDD pilot called the Forest Carbon Partnership Facility (FCPF), with Germany as the biggest donor, contributing almost 60 million USD (40 million EURO).

In addition to "traditional" monitoring activities in the forestry sector (forest cover, volume biodiversity etc.), carbon monitoring and accounting is becoming a new activity. But many of the "traditional" activities remain valid and important: It can be assumed that close to nature, sustainable forest management (SFM) fulfils all the functions which are necessary to maintain and enhance forest carbon stocks. But Governments have to make renewed efforts to provide adequate frame conditions and incentives for SFM to the relevant stakeholder.

End of June 2008, UNFCCC will organize the third workshop on REDD, this time on methodological issues and in August, a fourth Workshop, on policy and measures, is planned to be organized in Ghana / West Africa.

Beyond REDD: Maximising Country Participation and Bridging the Gap Between Annex-I and Non-Annex I countries

Relating to the scope of activities, three major approaches are actually under discussion[7]。They are denominated as (i) CfRN (Coalition for Rainforest Nations) and Congo Basin, (ii) Brazilian Approach and (iii) Indian Approach supported by China. The approach of the CfRN and Congo Basin encompasses compensation for both, avoided deforestation and forest degradation, with a connection to the carbon market. As a response Brazil presented its idea on a RED-mechanism focusing on deforestation only, rejecting a market-based solution and proposing a fund. India presented an approach called "compensated conservation". Its scope includes forest management and afforestation/reforestation activities and supports the idea of being compensated for successfully implemented regulations and measures for conservation. India criticizes that the other proposals provide positive incentives for countries with high deforestation rates and ignore countries which have made measurable efforts to improve their forest cover. In general, the approaches differ concerning the scope of the mechanism, accounting approach and the composition of compensation funds.

All proposals brought forward so far in the process do not cover the full spectrum of activities concerning forest land use. They focus on specific land use aspects, often with the argument to ensure the technical feasibility. This creates a large potential for loosing out of sight significant carbon fluxes. Thus a universal approach should be both - technically feasible and holistic in the sense that all relevant pools and fluxes are included.

Such an approach for land use at the national level already exists for Annex-I countries and can be adapted to the requirements of REDD in non-Annex I countries. According to Art. 3.3 of the *Kyoto Protocol*, Annex-I countries have to report on emissions from forest-related land use changes. This covers all net changes of carbon pools by afforestation, reforestation and deforestation activities. While accounting for LUC (Art. 3.3) is mandatory, in the first commitment period, Annex-I countries are free to choose to apply Art. 3.4 for land use categories which remain under their current use (in the case of forestry, this relates mainly to forest management).

The idea of REDD is to provide positive incentives for non-Annex I-countries to voluntarily reduce their emissions from the land use sector, with the intention to finally address this significant source of GHG. How is this issue dealt with in Annex-I countries? Art. 3.3 and 3.4 indirectly provide positive incentives: If they increase carbon storage in their land use categories, they can reduce their agreed emission reduction targets, which were negotiated in Kyoto for each Annex-I country and refer to the GHG emissions from all sectors: industry, traffic, households and land-use change. If land use in a country proves to be a sink it can compensate a share of the other sectors' emissions. Since non-Annex I-countries do not have such targets and should not be restricted in their economic development, this leads to the need of agreeing on national sectoral (reduction) targets (national reference rates or benchmarks①) for the emissions from the land use sector of these countries. How these are to be defined, it is beyond the scope of this paper and would finally need political negotiations, based on sound scientific background information. However, since they will focus on the specific national situation they could include both, sinks and sources from land use change (Art. 3.3) and changing carbon stocks within remaining land use categories which covers degradation (Art. 3.4).

The way by which LULUCF-related changes of carbon stocks were agreed for Annex-I countries could serve as a blueprint for the design of a comprehensive REDD mechanism. An iterative, step by step or phased approach would allow to begin with a reduced scope which focuses on land use changes (deforestation and afforestation) which are relatively easy to monitor; this gives time to install monitoring systems capable to quantify carbon stock changes in forests which are exploited but do not fall beyond the threshold of the national forest definition. Participation in REDD is voluntary and participation should be triggered through positive incentives.

So far, the debate has circled around technical questions such as the feasibility of monitoring, which indeed puts some challenges, especially when it comes to the necessary integration of forest degradation because it leads to the necessity to measure GHG stock changes. Experiences made so far by Annex-I countries show that it is very difficult to accurately measure carbon stocks; both efforts and costs increase with the accuracy of reporting. This argument has been used to propose to restrict REDD to land use changes and omit degradation, because land-use change can be detected by existing remote sensing techniques. Monitoring the stock changes of GHG requires ground truthing which can only be achieved by inventories or sampling. Sufficiently accurate and conservative data are the basis for sound policy development.

It seems obvious that the technical challenges must be addressed, but they should not prevent

① Can be used as so called "no loose" target, which means, there is no penalty, when the target is not met. However, once Non Annex I countries have received benefits, e. g. by selling carbon credits, there should be liability in order to ensure the permanence of the emission reductions. There are several options to securitize liability, e. g. by creating buffers or an insurance mechanism early action. The IPCC has developed a suitable approach for the monitoring and reporting on 3.3 and 3.4 - a tiered approach, taking into account the availability and quality of data. In a modified form, it could be applied to developing countries as well: There should be large discount rates on the credits a country can receive as long as it is in a low tier and reports only on LUC (so called conservative approach). Improving data quality and monitoring, i. e. by installing permanent forest inventories could lead to a higher tier with a reduced discount rate. In achieving this, there is a potential for South-South and South-South-North partnerships.

Taking into account the technical hurdles of monitoring and reporting, accounting for LUC should be the minimum requirement for participation. Monitoring and reporting on carbon stock changes in remaining forests should be a goal and could be handled as an option for post 2012 as it was for Annex-I countries. However, participating countries should be obliged to use the time for installing adequate monitoring systems and commit themselves to report on carbon stock changes in subsequent periods.

References

[1] D. Schoene and M. Netto: The Kyoto Protocol: what does it mean for forests and forestry? In: FAO, Unasylva 222, Vol. 56, 2005; http://www.fao.org/docrep/009/a0413e/a0413E02.htm

[2] Sheila Wertz-Kanounnikoff (IDDRI); Reducing emissions from deforestation and degradation in developing countries (REDD): Insights from the UNFCCC COP-13 in Bali; www.iddri.com/Publications/Collections/Idees-pour-le-debat/id_0712_Wertz_Bali_REDD.pdf

[3] http://unfccc.int/resource/docs/2007/cop13/eng/06a01.pdf#page=3

[4] Policy approaches and positive incentives on issues relating to reducing emissions from deforestation and forest degradation in developing countries; and the role of conservation, sustainable management of forests and enhancement of forest carbon stocks in developing countries

[5] Global Mapping of Greenhouse Gas Abatement Opportunities up to 2030; Forestry sector, deep dive: http://www.vattenfall.com/www/ccc/ccc/Gemeinsame_Inhalte/DOCUMENT/567263vattenfall/P0272862.pdf
more reports of Vattenfall can be downloaded here: http://www.vattenfall.com/www/ccc/ccc/577730downl/index.jsp

[6] http://www.norway.or.id/policy/environment/stoltenberg_bali_07.htm

[7] Pistorius et al.: Beyond RED - Maximising country participation and bridging the gap between Annex-I and Non-Annex I countries; draft; unpublished

Mitigating the Effects of Climate Change through Sustainable Forest Management

Rolf Krezdorn *

Abstract: The paper introduces the anticipated impact of climate change on Vietnam, and Government strategies to mitigate and adapt to the effects of climate change. The paper further provides an overview on the forestry sector of Vietnam. The key activities of the Vietnamese-German Forestry Programme and their relevance for mitigating the effects of climate change are presented. Finally, the paper describes current issues of the climate change debate in Vietnam.

Keywords: strategy, mitigate, effect, activities, Vietnam

1 The Anticipated Impact of Climate Change on Vietnam

Vietnam is considered to be among the countries that are most vulnerable to the effects of climate change[1]. The coastal zones of the country and in particular the densely populated deltas of the Red River in the North and the Mekong River in the South are considered the areas most seriously affected by sea level rise in Southeast Asia. A one metre rise in sea level will inundate an area of about 40,000 km^2 in the river deltas, and the Mekong delta will be almost completely inundated. Temperatures are expected to rise in Vietnam by 1.5 to 2.5℃ by the year 2070. The inherent increase in frequency and severity of natural disasters (droughts, floods, typhoons) will inevitably affect rural livelihoods and further aggravate the already emerging food crises.

2 Government Strategies to Mitigate and Adapt to the Effects of Climate Change

In order to respond to the anticipated effects of climate change, the Government of Vietnam has launched the National Target Programme on Climate Change (NTP-CC)[2]. With the Ministry for Natural Resources and Environment as the lead agency, the programme follows a cross-sectoral approach whereby relevant ministries will contribute to the NTP-CC with sector-specific and regional action plans that are expected to be ready for implementation by the year 2010. The National Forestry Development Strategy 2006 – 2020 (NFDS)[7] will provide the framework for climate change mitigation and adaptation in the forestry sector. Relevant targets of the NFDS are in that context:

— To increase the forest cover from currently 38% to 47% by the year 2020;

---

* Rolf Krezdorn, GTZ Chief Technical Advisor for Sustainable Natural Forest Management and Forest Management Certification, Vietnamese-German Forestry Programme. E-mail: rolf.krezdorn@gtz.de

— To have 30% of the production forest certified under FSC by 2020;

— To contribute to watershed, coastal and urban protection, natural disaster mitigation, erosion control and protection of water sources;

— To increase the revenue from forest environmental values to 2 billion US $ through CDM, PES and ecotourism;

— To improve income, contribute to poverty alleviation and reduce the number of poor households in key forest areas by 70%.

3 Overview on the Forestry Sector of Vietnam

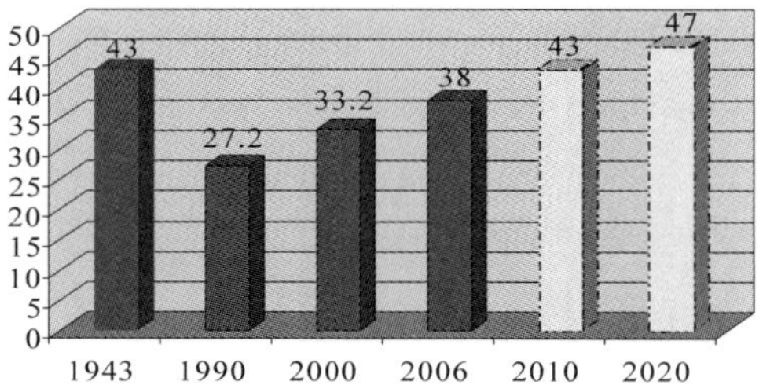

Fig1. Forest Cover in % of Total Land Area

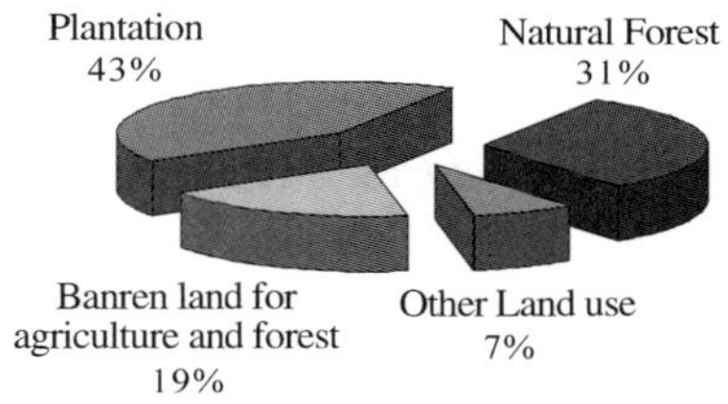

Fig2. Land Use in 2006

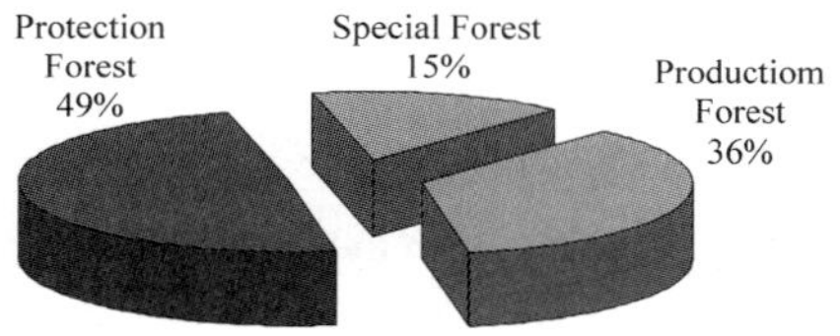

Fig3. Forest classification in Vietnam

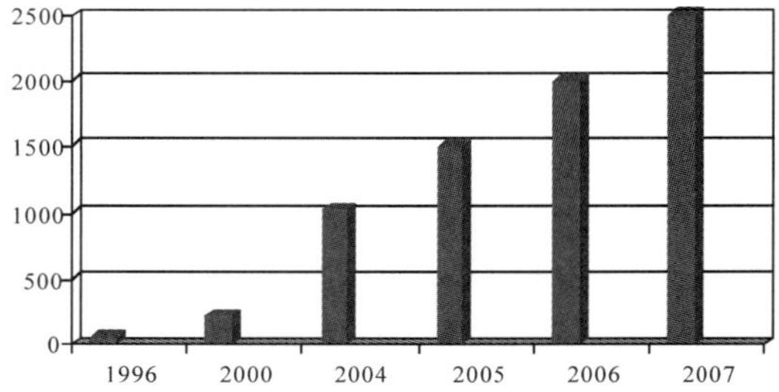

Fig4. Export Value of Timber Products (Million $)

Forests cover currently 12.8 million hectares or 38% of the total land area of Vietnam (2006). The major proportion consists of natural forests. Forests are classified into protection (41%), production (42%) and special use forest (17%)①. In 1998 the Government launched the "5 million hectares reforestation programme" in a massive effort to increase the forest cover to 43% by the year 2010 and to respond to the raw material needs of the country's rapidly expanding timber processing industry. Natural production forests are managed by the State mainly through a total of 353 State Forest Enterprises, which are currently in the process of corporatization and equitization. Commercial harvesting in the natural forest is very restricted. The Provinces allocate annual logging quotas to the State Forest Enterprises; in some regions a total logging ban is imposed.

① Special use forests are defined in the Vietnamese Forest Protection and Development Law as forests that are "mainly used for the protection and conservation of nature, scientific research, protection of historic sites, culture and tourism".

By 31 December 2005, the forests had a total timber volume of 813 million m^3 (94% from natural forests). The average timber volume of natural forest is 76.5 m^3/ha and 40.6 m^3/ha in the plantation forest. The figures indicate the low productivity of both the natural and plantation forest.

While the forest area in Vietnam has increased, the degradation of natural forests and biodiversity still continues, the main causes being illegal conversion of land, shifting cultivation and illegal logging. Between 1999 and 2005, the area of natural forest classified as "rich forest" has decreased by 10.2%, and "medium forest" by 13.4%[4].

The overall contribution of the forestry sector to the national GDP decreased from 1.3% in the year 2000 to 1.2% in 2005. The forest industries however are rapidly expanding. The export value from timber products has doubled from 1 billion US $ in 2004 to 2 billion US $ in 2006 and has reached an estimated 2.5 billion US $ in 2007. The value of raw material imports however was 800 million US $ or 40% of the export value. Vietnam's timber processing industries currently import more than 80% of their raw material supply.

4 The Vietnamese-German Forestry Programme and Its Relevance for Mitigating the Effects of Climate Change

The Vietnamese-German Forestry Programme supports the Vietnamese Government in achieving the objectives of the National Forestry Development Strategy by introducing and promoting best management practices for sustainable forest management and utilization. The Programme comprises 3 components: (1) Sustainable natural forest management and certification; (2) Processing, trade and marketing of forest products; (3) Forest policy.

The concept and approach of the Programme provides a direct and measurable contribution to climate change mitigation. The following core activities are of particular relevance.

4.1 Multi-functional forest management planning

When establishing a forest management unit, the social, environmental and economic forest functions will be identified with the help of a GIS analysis and thematic surveys (on flora, fauna and the social impact of forest management). In the process, critical sites are mapped that require either strict protection or specific management prescriptions. The results of forest function mapping will determine the production and protection zones of the forest. In a further step, river buffers, steep slopes and other critical areas within the production zone will be subtracted and thus the net production area can be determined. The net production area is again subdivided into timber production and restricted timber production areas, depending on the slope gradient and other features. The management plan will be prepared based on the results of forest function mapping, forest zoning and forest management inventory. The plan contains specific management prescriptions for the forest zones and their inherent forest functions.

The described process is standard procedure in planning sustainable forest management. It has, however, an immediate mitigating effect since critical sites will be protected and relevant environmental functions such as soil and water conservation and biodiversity conservation will be maintained.

Forest function mapping, zoning and forest inventory provide very relevant information for establishing the baseline for monitoring quantitative and qualitative changes of forest resources in a particular area. Establishing this baseline is a prerequisite to qualify for carbon funds e. g. from the World Bank Forest Carbon Partnership Facility.

4.2 Reduced impact logging

The objective of reduced impact logging is to minimize the negative impact of forest harvesting operations on the forest resource and the environment (soil, water, biodiversity). Reduced impact logging aims at maintaining and enhancing the production capacity of the forest. From the mitigation point of view, reduced impact logging contributes to increasing the carbon sequestration capacity of the forest by promoting natural regeneration.

4.3 Forest management certification

The Programme supports the development of the Vietnamese national standard for FSC certification (i. e. the development of site specific indicators and verifiers to implement sustainable forest management within the framework of FSC's principles and criteria) and its application in Forest Management Units. FSC principles 6 (Environmental Impact) and 9 (Maintenance of High Conservation Value Forests), if properly followed, assure that forest resources are managed in such a way that all forest services including those relevant for climate change mitigation are being sustainably maintained.

4.4 Improving recovery rates from timber harvesting and processing

In Vietnam, timber harvesting and processing is very wasteful and recovery rates are low. The Programme therefore provides comprehensive training to improve the quality of harvesting and timber processing operations. Higher recovery rates can contribute to increased carbon fixation.

4.5 Increasing quality and durability of timber and mon-timber products

The Programme has established a wood-processing training and development centre in cooperation with a member of the WWF-Vietnam Forest Trade Network and provides practical training for wood processing labourers and middle-management staff. The Programme also collaborates with timber processing industries to improve the quality management systems. Better quality timber and non-timber (bamboo, rattan) products have a longer durability that will increase carbon fixation.

4.6 Mainstreaming climate change mitigation

The Programme contributes to mainstreaming of climate change mitigation by supporting the Vietnamese Government in preparing or updating forestry legislation, policies, strategies and action plans that incorporate national targets for climate change mitigation and adaptation.

5 Current Issues in vietnam related to climate change

Being aware of the vulnerability of the country to the effects of climate change, the Government of Vietnam has given the National Target Programme on Climate Change highest political priority. The forestry sector of Vietnam will play an important role in achieving the national goals for climate change mitigation and adaptation. Forests have a crucial function for soil and water conservation, biodiversity conservation, flood protection, coastal zone protection and carbon sequestration. Sustainable forest management and forest management certification are declared objectives of the National Forestry Development Strategy. The challenge is to create a framework conducive for sustainable forest management so as to halt the ongoing degradation of natural forests and maintain the essential forest functions for climate change mitigation. It will require considerable efforts to be successful in this endeavour, in particular:

— The establishment of a national baseline for monitoring quantitative and qualitative changes of forest resources, in particular of the natural forest;

— The provision of access to suitable mechanisms for funding measures of climate change mitigation and adaptation;

— The establishment of conducive mechanisms to assure that forest dependent communities and rural poor will benefit from sustainable forest management and climate change mitigation;

— Building the capacities at all levels to successfully implement the National Forestry Development Strategy.

While the concept of sustainable forest management is not new, it has a high potential for mitigating the effects of climate change. As such, sustainable forest management can provide a solid foundation for sustainable development despite the challenges of climate change.

References

[1] The Impact of Sea Level Rise on Developing Countries: A Comparative Analysis. World Bank Policy Research Working Paper 4136, February 2007

[2] 4th Draft National Target Programme to Respond to Climate Change, Ministry of Natural Resources and Environment (MONRE), Hanoi March 2008

[3] National Forestry Development Strategy 2006-2020, Ministry of Agriculture and Rural Development (MARD), February 2007

[4] Vietnam Sector Indicators and Baseline Data Report 2005, MARD, Forestry Sector Support Partnership (FSSP)

Forest Conservation Based Policy Approach for Climate Change Mitigation

Jagdish Kishwan *

1 Indian Viewpoint on REDD

(1) Comprehensive REDD Denotes

Carbon Saved and Carbon Added

· Reducing Deforestation

· Conservation, Increasing Forest Cover

Must include all approaches that save and add carbon

· Reduce deforestation and degradation

· Stabilize forest cover/carbon stocks

· Conserve and increase forest cover/ carbon stocks

(2) Case for Stabilization and Conservation

· Zero emissions, net CO_2 removal

· Damage repair of GHG emissions by deforestation

· In consonance with sustainable development philosophy and Forestry Principles of Agenda 21

· Countries require financial assistance to continue stabilization, conservation and improvement

(3) COP 13: December 2007

Bali Action Plan: "……Policy approaches and positive incentives on issues relating to reducing emissions from deforestation and forest degradation in developing countries; and the role of conservation, sustainable management of forests and enhancement of forest carbon stocks in developing countries……" [Para 1b (iii) of BAP]

REDD: "……inter alia, assessments of changes in forest cover and associated carbon stocks and greenhouse gas emissions, incremental changes due to sustainable management of the forest ……"

2 Indian Submission on REDD (21 March 2008)

(1) Methodologies

· Assessment of changes in forest cover and associated carbon stocks

· Incremental changes due to sustainable management of forest

* Jagdish Kishwan. Director General. Indian Council of Forestry Research and Education, Dehradun, INDIA. E-mail: jkishwan@ icfre. org; jkishwan@ nic. in

Indian Submission Available on UNFCC Website :

http://unfccc.int/resource/docs/2008/sbsta/eng/misc04.pdf

Document: FCCC/SBSTA/2008/MISC.4

① Emerging Policy Options

· Conservation, sustainable management of forests, increase in forest cover (Add C)-suits China, India, Costa Rica, Cameroon, Thailand, Pakistan, Sri Lanka, Bhutan, Nepal etc.

· Reducing deforestation rates (Save C): suits Brazil, Indonesia, Bolivia, PNG

② Methodology to Assess Forest Carbon Stocks (India)

· Carbon per unit area

— Biomass (agb + bgb)

— Soil

· Sample Stratum

— Forest Type Groups (>200)

— Crown Density Classes (3)

— Sample Points (600 or more)

· Calculation

— Algorithms for computing agb, bgb from wood or timber or stand volume

③ Possible Correlations

· Forest Type Groups [R] Biomass Carbon

· Forest Type Groups [R] Soil Carbon

④ Methodology: Main Parameters

· National Level Accounting Mechanism

· National reference emissions level

· Baseline year (1990)

· Application of Remote Sensing combined with minimum ground verification

— most cost effective amongst existing technologies

⑤ Development of Methodology

· Change in forest cover, forest biomass, soil carbon

· Baseline year

· +ve change (Conservation)

· – ve change (Reducing Deforestation)

· Scale/Resolution of mapping forest cover/carbon stocks in different countries to be comparable

⑥ Common Methodology

Methodology Common to Both Approaches

Simultaneous Development of Methodology

(2) Financial Incentive

① Same Basket (REDD) for

· Conservation, increase in forest cover

· Reducing deforestation rates

② Carbon Saved = Carbon Added

· Same incentive for

— 1 unit of carbon saved (reducing deforestation)

— 1 unit of carbon added (conservation)

③ Conservation Approach

— Incremental Stocks

Payment at Same Rates as for Reducing Deforestation Approach

— Baseline Stocks

One time payment at lower rates (Insurance for Keeping Baseline Stocks Intact)

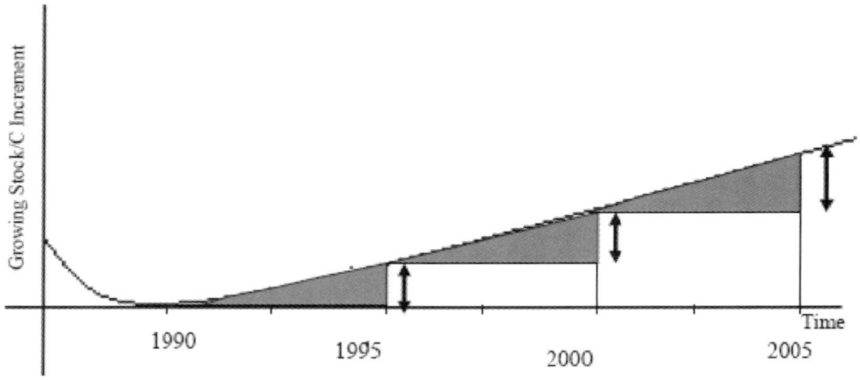

Compensated Conservation Verification and Compensation

(Source: Indian Institute of Science, 2006)

3 Case for Compensated Conservation-India

· Practically no deforestation in India, forest cover stabilized

· Gradual increase in tree cover, LULUCF at 1.12 % of total emissions

· Best option for countries with stable, and increasing forest cover: Conservation Approach

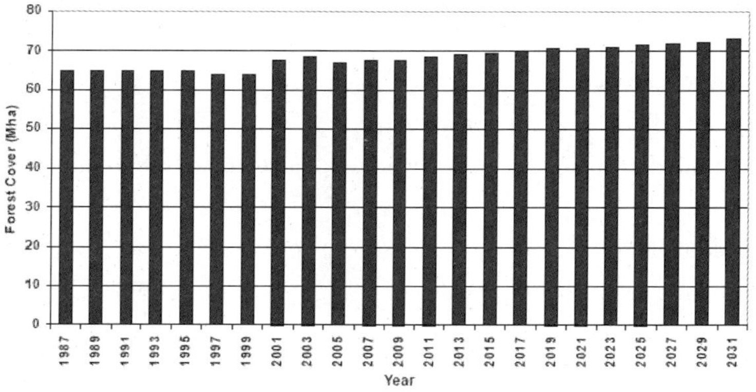

Projected trend in forest cover under the current trend scenario

(Source: Indian Institute of Science, 2006)

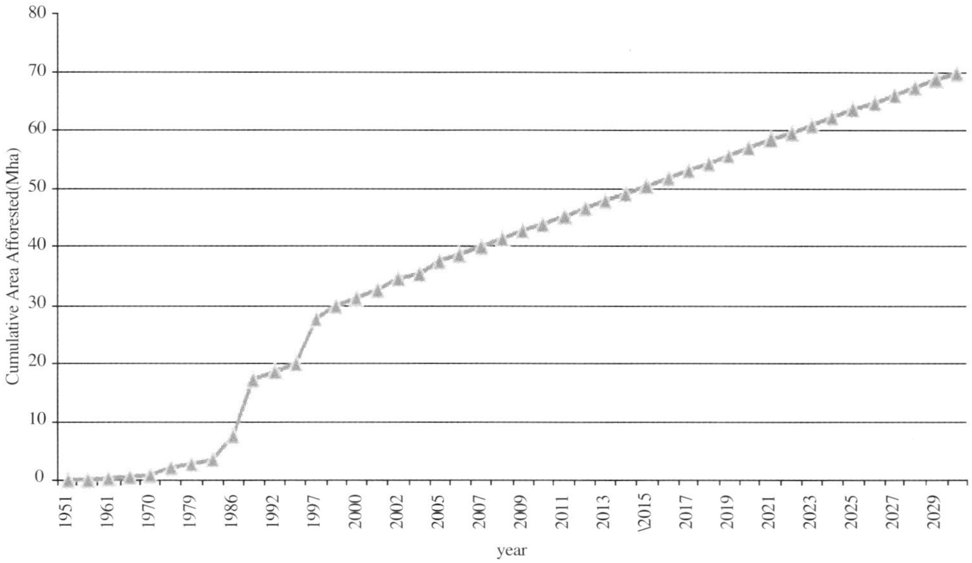

Projected Afforestation under current trend scenario

(Source: Indian Institute of Science, 2006)

4 Carbon Stock Projection: Indian Scenario

Model based projection of carbon stocks in India's forests and tree cover, as per studies of Indian Institute of Science, Bangalore (2006), estimates increase in carbon stocks as contained in the country's forests from 8.79 GtC in 2005 to 9.75 GtC in 2030.

5 Compensation Claim: India

Proposed policy approach of Compensated Conservation seeks incentive for:

1. incremental stocks of 0.96 GtC between 2006 – 2030 (projected increase from 8.79 GtC in 2006 to 9.75 GtC in 2030).

2. baseline stocks of 8.79 GtC as on 2006.

Promotion of Multi-Story Forest in JAPAN

Fusho OZAWA *

Abstract: This paper introduce the status of forestry in Japan. The objective of promoting expansion of multi-story forest is to strengthening the forest function, and the government make the interrelated plans. It can maintain the soil fertility, deal with the labor shortage, prolong cutting age and increase the forest stock. Then the author introduce the progress of multi-story forest of Imabari, Shikouku in Japan and Perak in Malaysia.

Keywords: multi-story forest; sustainable forest management; example; prospect

1 Introduction

2/3 of the Japanese land is covered with forests which 41% consists plantations.

For the strengthening of forest function, Japanese government and forestry sector has been promoting expansion of multi-story forest.

The governmental basic forest plan, as follows:

	2005	2015	2025	final
multi-story forest (artificial)	90 (unit:10,000ha)	120	170	680
single-story forest (artificial)	1030	1030	1020	660
natural forest	1380	1350	1320	1170
total	2510	2510	2510	2510

2 The Purpose of Multi-story Forest with High Growing Stock and Appropriate Rotation

Each country should cope with sustainable forest management according to their background with their own responsibility.

It has been focused on managing multi-story forests as a mean for maintaining soil fertility, dealing with the labor shortage and prolonging cutting age. The standard cutting age of planted trees in Japan has generally been 40 – 50 years, although the cutting ages are being changed recently in some areas to 80 – 100 years because of necessity for the distribution and stand age classes to be even, because of the need for larger diameter quality timber and because of the need to overcome the currently low timber price.

Apart from these issues, I point out an important role of multi-story forests with high growing

* Fusho Ozawa, Japan Overseas Forestry Consultants Association, E-mail: fuozawa@ ab. mbn. or. jp

stock (i. e. , the level of the basic growing stock is 300 to 400 m^3/ha). This type of forest would harmonize various functions of timber supply, conserving environment, carbon sink, preventing land slides, floods and so on.

The multi-story forest system with high growing stock and appropriate rotation will realize dynamic forestry without decreasing the basic growing stock.

The selective cutting, including strip cutting and/or hole cutting of the upper story is necessary for growing the lower story and 10 to 20 years of cutting cycle would be suitable for the efficient rotation.

3 Some Examples of Multi-story Forest:

(1) A Forest in Soja-gawa River Basin in Ehime Prefecture of Shikoku:

The upper story of this forest was planted almost 100 years ago and during the past decade the open stand system had been promoted. Once the open stand system was introduced to the upper story, planting of lower story has been promoted and the practice is continuing now. In the future, about 2,500 ha of multi-story forest will be established successfully. About this forest which will be explained in detail later.

(2) The Multi-Story Forest in the National Forests of Shikoku:

In the National Forest System, there are many newly introduced multi-storied forests. The forest, which is introduced, is the oldest artificial multi-storied forest in the National Forest System.

The forest locates in Kochi Prefecture, Shikoku; the upper story of the forest was planted in 1811 and the lower story was planted in 1934. The biggest tree of *Cryptmeria japonica* is 154 cm in diameter and 44 m high.

The area of this forest is very small (1.42 ha), but it proffers very precious details for the growth prediction of the multi-story forests.

(3) In 1982, several staff and I of the Forestry Agency took initiative to establish model forests for conservation of water source and prevention of soil erosion. In 1983, four model forest areas were designated and improvement of the stands for multi-story forests has been carried out. I introduce two model forests among the four.

One is in Fukuoka Prefecture, Kyushu, and another is in Gifu Prefecture, Honshu. These two model forests cover 600 ha in area each and have functions for preventing disasters and observing effects of multi-story forests for conservation of water source.

4 Details of Multi-story Forest (in Imabari City of Shikoku)

People in the Soja-gawa River Basin (Imabari city) had long suffered from frequent floods and droughts caused by unstable soil and water on the upstream hill slopes. On the occasion of the grant of 2,500 ha of degraded former feudal forests in the upper basin, the local communities formed a cooperative in 1891 and started reforestation activity in 1903 with an intention of controlling soil and water and developing communities' property. To date, 71% of the total granted area has been reforested by the cooperative.

Transformation of the established uniform plantation (1,613ha) into multi-story structure with mixed species commenced in 1987 with the aim of further improving their conservation capability as well as increasing their production, recreational and educational capacity. In order to facilitate this challenging task, a broad range of research findings, including those on the growth modeling of plantation forests and the traditional multi-story management practices, have been provided by the researchers.

The major driving mechanism of the transformation as well as the reforestation activities is the cooperative which is a juridical foundation entrusted with the management of the common forests. The role of the cooperative is not only to bring together and practice the will of the local communities but also to provide an institutional set-up through which profit sharing plantation agreements and the public forest programs are put into practice. More than 431ha of the common forests have been transformed so far under the government subsidy programs exclusively designed for the designated conservation forests.

Both private and public funds have been made available under the above institutional framework. In the face of the financial constraints, the cooperative went into the profit sharing plantation agreements with local institutions, such as the local governments, schools and youth clubs, which carried out the plantation.

For transformation of the plantation into multi-story forests, subsidies are provided by the national and local governments under the forest conservation programs exclusively apply the designated conservation forests.

Since the whole process was initiated by the local farmers and residents with better experience, the full and firm participation of the local communities has been maintained for nearly a century. The involvement of the local institutions and major groups has also been encouraged through the various arrangements as mentioned above. The most recent development in this respect has been achieved by the involvement of researchers who have provided the cooperative with a variety of research findings on the multi-story forest management.

Recently Imabari forest was chosen as one of the excellent management forests in Asia and Oceania by FAO.

In 2005, Imabari city, Tamagawa town and Asakura village combined, and new Imabari city launched.

At the same time the cooperative was dissolved, the cooperative forests has become municipal management.

The principle of forest management which includes promoting enlargement of multi-story forest is succeeded by new Imabari City.

5 The Prospect of Multi-story Forest in the Future

(1) I introduce an international cooperation project, which is promoting multi-story forest in

Perak State, Malaysia through technical cooperation by Japan International Cooperation Agency (JICA). The purpose of the project is to establish multi-storied forests in tropical man-made and natural forests.

I had an occasion to observe the project and had every confidence of its success.

I look forward that the multi-story forest system will extend in tropical forests, both in natural forests and in planted forests.

Extending of this method, especially with high growing stock and appropriate rotation, will change the common forest issues into the common forest dreams.

(2) Environment Sound Technology

The multi-story forest management is characterized by employment of selective cutting operation which considerably reduces impacts of harvest to soil and ecosystem, and accordingly to soil and water stability. A wide range of the existing management of plantation forests, including traditional multi-story management practice in Japan, has offered a spectrum of research opportunities. The level of knowledge in the growth modeling, density control and harvesting techniques has reached to a stage where these research findings are put together and applied to the development of multi-story forests.

Carbon Finance Project Opportunities in the Agriculture, Forestry and Other Land Use sector (AFOLU) in China

Timm Tennigkeit①

1 Introduction

1.1 Greenhouse gas emission sources, present (1961 – 1990) and future climate (2070 ~ 2099) in China

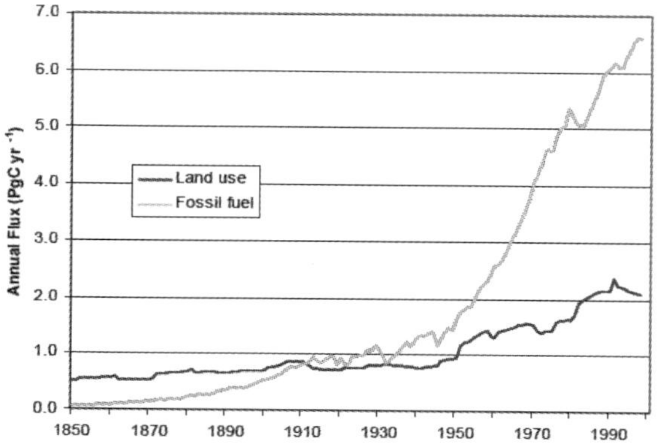

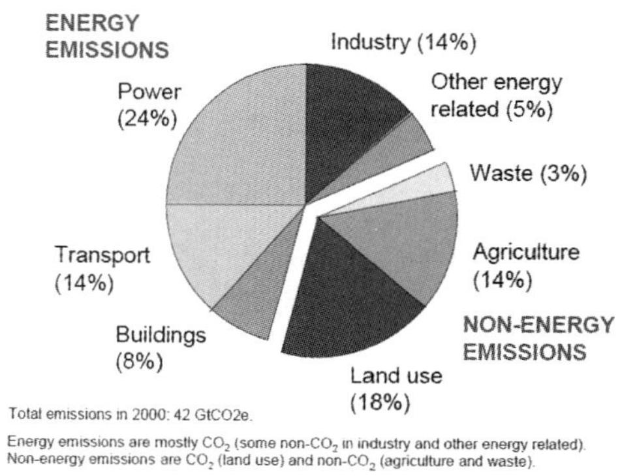

Source: Houghton, 2006　　　　Source: IPCC, 2007

	Temp. increase (℃)		Rainfall increase (mm)	
Tibetan Plateau	-1.45	4.15	412	558
Beijing-Northeast	2.73	8.89	482	573
Northwest	6.06	12.08 *	135	161
Central	9.49	14.48 *	741	887
South-Central	17.5	21.27	1,310	1,442

* Optimal temperature for Agriculture 12 ~ 14℃, Source: Cline, 2007

① Timm Tennigkeit, Kunming Institute of Botany. Email: timm@mail.kib.ac.cn. Tel. +86 (871) 5223014

1.2 GHG emissions from the top 4 global Emitters

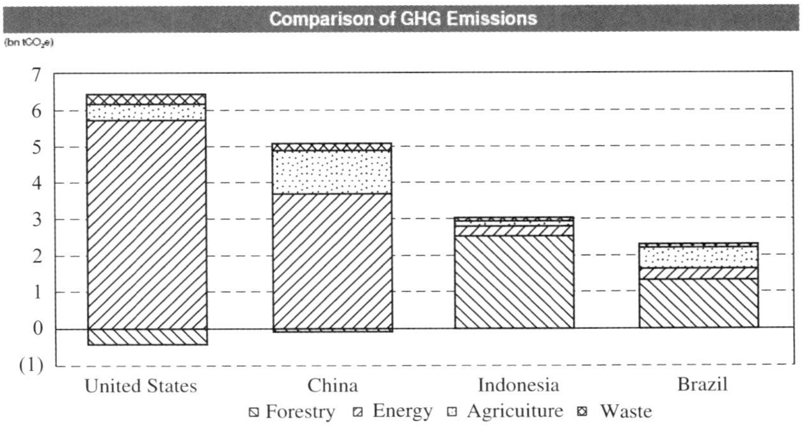

Source: World Bank/DFID - Indonesia and Climate Change: Curent Status and Polieies 2007

2 Carbon Market

2.1 Carbon market 2005 – 2007: Emission Reductions Transactions

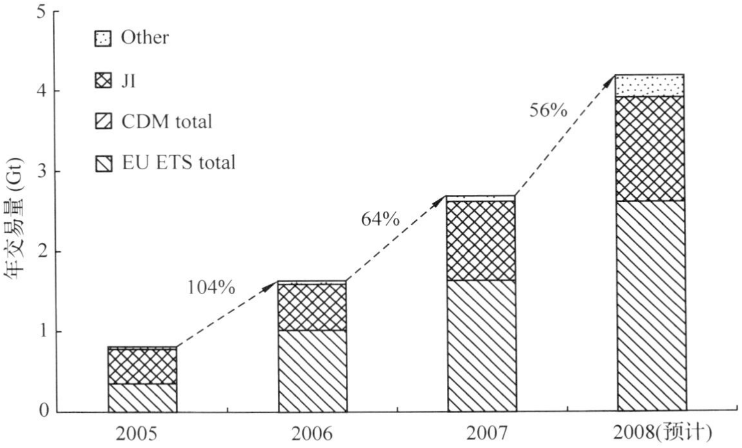

2.2 CDM project location & project activities in 2007

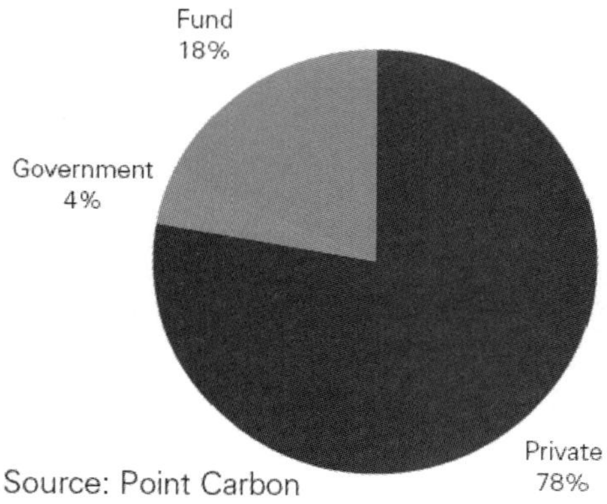

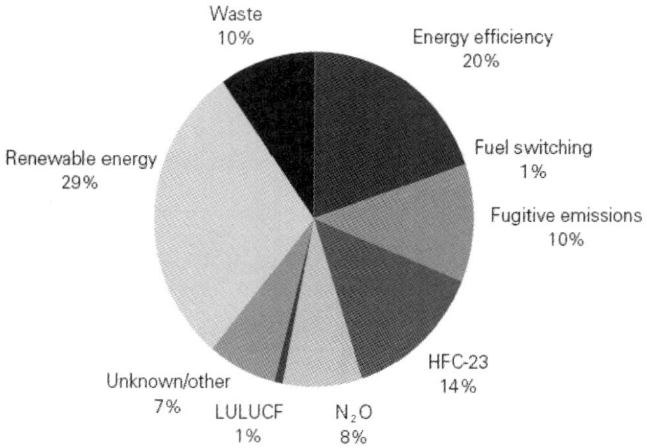

2.3 Carbon price for compliance & voluntary credits in US $ /t CO_2 in 2008

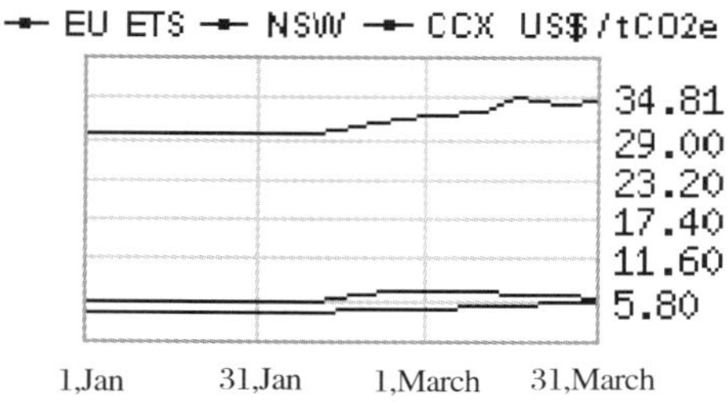

Source: Ecosystem Market Place 2008

2.4 Comparison between different carbon offset market segments for land-use projects: *Kyoto Protocol*(KP) compliance, voluntary market and cap & trade systems

Characteristic	*Kyoto Protocol* compliance (CDM) market	Voluntary carbon market	National/regional cap & trade systems
Regulatory framework	UNFCCC	Voluntary Carbon Standard, CCBA	Evolving in US based on Liebermann-Warner bill & Australia
Vol. traded in 2007	947 Mt/CO_2e	75 Mt/CO_2e	1.
Eligible land use activities	AR	AR, REDD, Agriculture	AR, REDD and Agriculture
Land use project type share	<1%	36% (3.5 Mt/CO_2e)	2.
Relevance for forestry in China	AR projects	Premium AR/REDD projects	Potential funding for forest management

2.4 Carbon standards voluntary & compliance market

Standards	Project types	Volume	Registry
CDM	All minus REDD, new HFC, nuclear	large	yes
Gold Standard	EE, RE only	small but growing	planned
Voluntary Carbon Standard (VCS)	All minus new HFC	new; likely to be large	planned
VER +	CDM minus large hydro	small but growing	Yes
Climate, Community and Biodiversity Standard (CCB)	Forestry	4 validated projects	n/a
Chicago Climate Exchange (CCX)	All	large in the US	yes
Greenhouse Gas Protocol from WRI	All	n/a	n/a
NS Wales GHG Abatement Scheme (GGAS)	EE, RE , AR	new; likely to be large	planned
California Climate Action Registry (CCAR)	All CDM	new; likely to be large	planned
Regional Greenhouse Gas Initiative (RGGI)	All CDM	new; likely to be large	planned

Source: WWF 2008, others

3 Eligibility criteria for (AFOLU) project types

(1) Carbon forestry projects - under current *KP* rules - are only eligible if they transform a non-forest into a forest. China CDM forest definition: Area $>0.067hm^2$, tree crown cover $>20\%$, potential tree height >2 m;

(2) Sequestration projects reducing other greenhouse gases, i. e. methane & nitrous oxide with 21 and 210 times the global warming impact of CO_2 respectively are already eligible, but methodologies do not exist;

(3) Methodology: First choice is always to adopt approved methodology, but also new methodologies or modules can be proposed (currently 10 approved forestry CDM methodologies available, for REDD and agricultural projects methodology currently developed by the World Bank and others);

(4) Permanence : Projects need to assure permanence, i. e. sequestered carbon has to be stored;

(5) Leakage : Not more than 25% of the baseline activities, taking place before the project was established, should be removed to surrounding areas causing leakage;

(6) Additionality, the project is not business as usual and will be only implemented because of the availability of the carbon project component. Already adopted agroforestry and SLM activities do not comply with the additionality criteria and therefore are not eligible.

4 Existing Regulatory Instruments Aiming to Sequester Carbon and/or Reduce GHG Emissions

(1) Green for Grain Program (SLCP) converting croplands with a slope of > 30 degree to

forest or grassland in Vulnerable Ecological Zones under the UN Convention on Desertification

(2) Wetland restoration on croplands close to lakes, the sea or other natural lands to conservation zones for wildlife under the UN Convention on Biodiversity

(3) Land degraded by construction, mining, etc. is restored for use in agriculture, increasing carbon storage in these degraded soils (Land Reclamation Regulation 1998)

(4) Soil sustainability programs-N fertilizer added to soils only after soil N testing

(5) Regional agricultural development programs-enhance soil C storage

(6) Water quality programs that control non-point source pollution

(7) Air quality legislation-bans straw burning, thus reducing CO_2 (and CH_4 and N_2O) emissions

(8) "Township Enterprises" and "Ecological Municipality"-reduce waste disposal, chemical fertilizer and pesticides application, and bans straw burning

Source: Smith et al., 2007

5 Examples of Project

5.1 Combined GHG mitigation & adaptation projects

- Farmers in rural areas are probably the most vulnerable to climate change but their contribution to climate change is marginal. This justifies that they are the main beneficiaries of adaptation funds
- Mitigation activities in the AFOLU sector are in most cases adaptation measures
- Combined GHG mitigation & adaptation projects can reduce transaction costs

5.2 Facilitating Reforestation for Guangxi Watershed Management in Pearl River Basin (CDM methodology: AR-AC0001)

- Project developers: Individual farmers, forest farms and development companies
- Project area: Huanjiang county, in vicinity to Mulun & Shiwanshan National Nature Reserve, Guangxi
- Sponsor & ER buyer: World Bank BioCarbon Fund
- First & only registered CDM AR project in Dec 2006, validated by TüV SüD
- Reforestation with : Pinus, Liquidambar, Cunninghamia, Eucalyptus.
- Harvesting regimes considered in the carbon sequestration model (see below)
- Planting area 4,000 ha (650,501 tCO_2 estimated sequestration up-to 2017)
- Planting started: 2006

Source: Project PDD

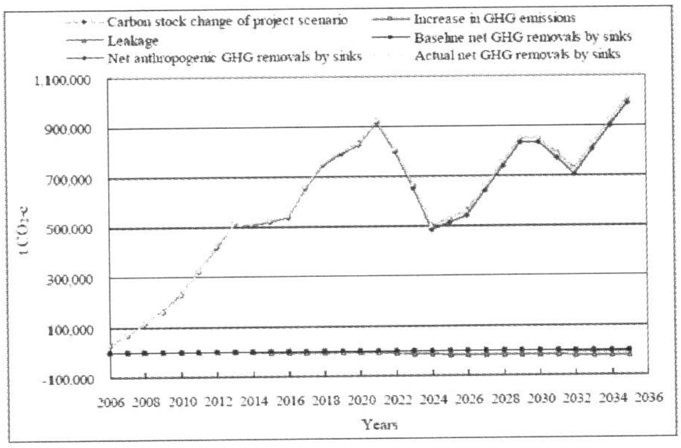

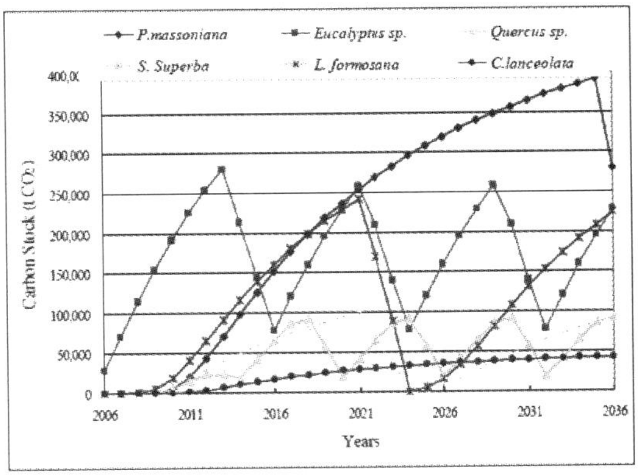

5.3 Afforestation for Combating Desertification in Aohan County, northern China (CDM methodology: AR-AM0006)

- Project developers: 8 forestry farms
- Area: Aohan County, Inner Mongolia Autonomous Region, northern China
- Activity: Mixed poplar (hybrid with native species) and *Hedysarum mongolicum* planting in strips with different spacing
- Hedysarum will be harvested in five years intervals for fodder production
- Planting area 3,000 ha shelter forest (800,200 t CO_2 up-to 2017)
- Planting started: 2006

5.4 Small-scale Reforestation for Landscape Restoration (Voluntary market CCBA approved gold rating)

- Project area: South of Gaoligongshan Nature Reserve
- Sponsor: Conservation International, The Nature Conservancy
- Emission Reductions buyer: 3M USA
- Validated against the CCBA standard by TüV SüD in January 2007

· Reforestation with mixed native tree species: *Taiwania flousiana*, *Betula luminifera*, *Pinus yunnanensis*, *Alnus nepalensis*

· Planting area 476 ha (26,508 tCO_2 up-to 2017, annual average sequestration 6,000 tCO_2)

5.5 Co-benefits of AFOLU carbon offset projects: Requirements for charismatic carbon assets

· Additional revenue streams in rural areas

· Enforcing the introduction of SFM & SLM practices

· Supporting the development of forest associations providing marketing and extension services

· Reducing vulnerability to climate change

· Streamlining environmental services into forestry and agriculture

· Desired transformation of landscapes

· Additional trigger for premium forestry & agricultural products

5.6 Environment and Community based framework for designing afforestation, revegetation projects in the CDM: methodology development and case studies: Toolbox to develop sustainable AR CDM forestry projects:

· Site pre-selection module

· Land Suitability Module

· Decision Support System

· Checklist for CDM A/R project developers

· 3 projects developed and emission reductions purchase agreements signed: Uganda, Bolivia, Ecuador

· Technical notes & policy briefs

6 Progress of Project

6.1 Mitigation options in AFOLU in China

General option	Project activity	Indicators for sequestration/ reduction potential
Carbon sequestration	Afforestation/ Reforestation	245 mio ha of "unused" land some is unusable for forestry
	Sustainable Land Management (SLM) incl. Agroforestry	Cultivated land area: 130 mio ha
	Forest Restoration or regeneration	Forested land area: 163 mio ha
Emission reductions	Sustainable Forest Management	Average above ground biomass China: 100tCO_2/ha, Germany: 340tCO_2/ha
	Reducing deforestation	net increase 180,000 ha/year (annual new plantation area 0.3 mio ha, 1990 – 2003)
	Fire management	0.9 mio ha/year
Substitution	Sustainable use of biomass/wood products	55 % of rural energy consumption based on fuelwood/crop residues net import of 80 mio m^3 in 2003)

Sources: FAO 2006, IFFN 1995, Int. Forest Review 2004, NBS, others

6.2 Carbon accounting considering baseline scenario

Carbon stock change = activity data × emission factor

Emission factor = default value - baseline

Activity data : Areas in ha where SFM/SLM activities are adopted

Emission factors: Net mitigation in t CO_2 per ha and year

Default value: Gross mitigation potential in t CO_2 per ha and year for each SLM practice

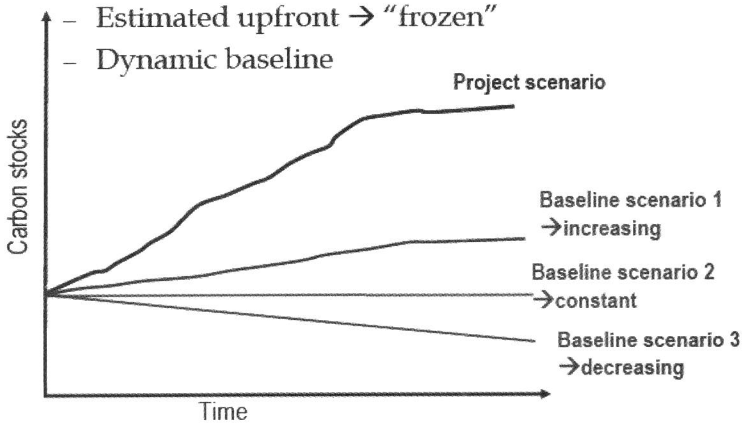

6.3 Forest biomass carbon storage between 1949 and 1998

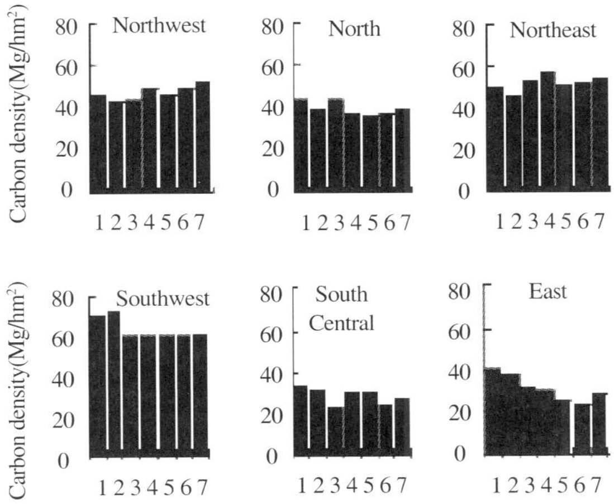

Fig. Spatiotemopral distribution of C density in China. The numbers 1 through 7 represent the periods 1949, 1950 - 1962, 1973 - 1976, 1977 - 1981, 1984 - 1988, 1989 - 1993, and 1994 - 1998

6.4 Promising Carbon Finance activities in the AFOLU sector in China

(1) Landscape level Agroforestry & Sustainable Land Management project;

(2) Forest Regeneration (REDD) project

(3) Rangeland project, Tibet

(4) Integ. land use & bioenergy project

6.5 Project design features

· Project: Project boundary or activity adoption area, and Carbon pools measured during the project

· Baseline: Emissions without the project (frozen or dynamic baseline)

· Additionality: Why is the project not business as usual (barrier analysis)

· Leakage: Emissions outside the project boundary as a result of the project

· Permanence: Land-use systems are CO_2 sinks and sources project has to demonstrate permanence and risk mitigation (e.g. buffers)

· Monitoring plan: Transparency and credibility

7 Procedure of project

7.1 Project development activities required to establish a carbon finance Agroforestry and SLM project

Stages	Description
Feasibility assessment	- Technical & financial feasibility, risk management, site selection, business plan, institutionalization
Project development EIA + ERPA + PDD	- Baseline survey, methodology selection, legal contracts, EIA, financing, Project Design Document
Host country approval (DNA) optional	- Sustainability assessment, obtain letter of approval from Government
Validation + registration	- Evaluation of PDD and methodology by authorized certifier
Project implementation	- Operations commence, i.e. trees planted, mulching & controlled burning system introduced
Monitoring & validation, payments	- Carbon monitoring and verification by certifier (5 years intervals, payments for VER up-on delivery)
VER/CER	

7.2 Project implementation barriers

· Regulatory framework: Cap & trade system, post 2012 climate agreement

· Financing & economy of scale, i.e. projects producing less than 25000 – 50000 tCO_2 per year are currently not financially viable

- For community based carbon finance projects land & carbon aggregation mechanisms e. g. cooperatives have to be developed
- Extension capacity to support the adoption of proposed activities
- Inventory and monitoring capacity
- Expertise to spot carbon finance opportunities and to develop carbon assets

8 Conclusions

(1) China can use different instruments to reduce GHG emissions, i. e. cap & trade system, taxes and regulations (emission or efficiency targets), a cap & trade system can leverage substantial investment into the forestry sector.

(2) Carbon Finance for AFOLU projects is currently available mainly internationally (CDM & voluntary carbon market), however a national market is evolving (e. g. Green Carbon Fund), the price bandwidth offered for emission reductions to project developers is small.

(3) China is the main player in the Kyoto carbon finance market, but has only a few existing AFOLU projects & no programmatic/sectoral approaches.

(4) Carbon offset project offer future options to piggy back other payments for environmental services (PES) and to develop bundled PES projects.

(5) China has the negotiating power to leverage the inclusion of more AFOLU project activities in a post 2012 Kyoto agreement.

(6) AFOLU carbon finance demonstration projects are required to demonstrate additionality and financial sustainability.

CDM Afforestation/Reafforestation Project Implementation and its Barriers

Wang Chunfeng *

Abstract: Clean Development Mechanism (CDM) was established in the Article 12 of *Kyoto Protocol* (KP). It's the cooperation mechanism between developing countries and developed countries. This article introduces the background, Preconditions and Basic Procedures, main Provisions and modalities of CDM project and its main state in China. Then discuss the barriers of CDM A/R project implementation. Finally, the future of CDM A/R is presented.

Keywords: Clean Development Mechanism (CDM), afforestation, reafforestation, barriers, implementation

1 Forest and Climate Change

(1) Forest as sink of GHG: Afforestation and reafforestation, Forest management, Substitute of fossil fuel and its products;

(2) Forest as source of GHG: Deforestation and forest degradation, Global forest is a source of GHG;

(3) Forest is also being affected by climate change.

2 Objective of UNFCCC and *Kyoto Protocol* (KP)

(1) UNFCCC: "Stabilization of greenhouse gas concentrations in the atmosphere at a level that would prevent dangerous anthropogenic interference with the climate system. Such a level should be achieved within a time frame sufficient to allow ecosystems to adapt naturally to climate change, to ensure that food production is not threatened and to enable economic development to proceed in a sustainable manner". And "Common but differentiated responsibilities" (UNFCCC, 1992).

(2) *Kyoto Protocol*: Industrialized countries and countries with its economy in transition are required to reduce 5.2% of its GHG emission in 2008 – 2012 against its emission in 1990.

Three flexible mechanisms: Emission trading (ET), Joint Implementation (JI), Clean Development Mechanism (CDM). Only CDM is between developing countries and developed countries.

3 Preconditions and Basic Procedures for Implementing CDM Projects

(1) Implications: Cooperation at project level, Help Annex-I countries to fulfill its commitment in *Kyoto Protocol*, Facilitate sustainable development in developing countries

* Wang Chunfeng, Office on Combating Climate Change, SFA.

(2) Project types: 15 categories

(3) Basic procedures: Project design-National approval-validation-Registration-Monitoring-verification-Issue of CERs

(4) Qualification for project participation

① Developed countries: have ratified the protocol and established national reporting system of GHG and so on;

② Developing countries: have ratified the protocol, established DNA and sustainable development criteria and so on

4 Procedures for National Approval of CDM Project

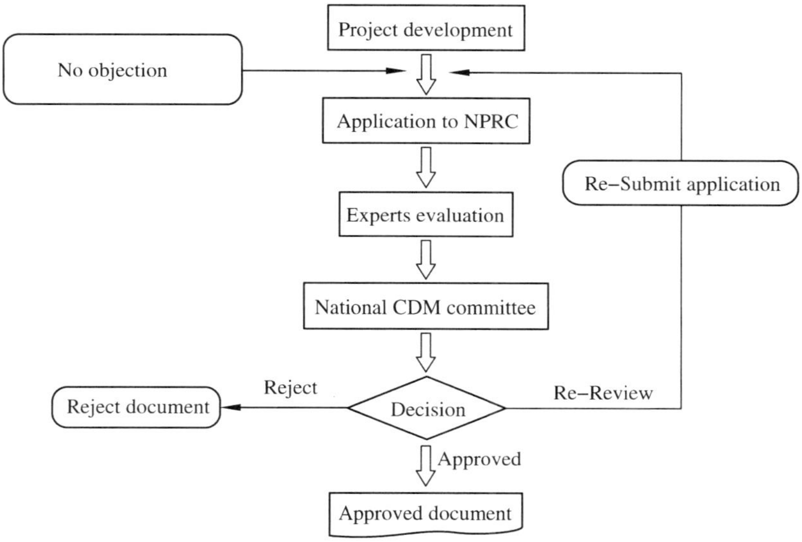

5 Main Provisions for Managing CDM Projects

(1) Chinese Project participant: Chinese wholly China-owned or China-controlled enterprises.

(2) Priority area: Energy efficiency improvement, development and utilization of new and renewable energy, as well as recovery and utilization of methane and coal bed methane.

(3) Distribution: Income generated from CER will be owned by Chinese government and enterprises implementing the CDM projects.

(4) Government levies: 2% for renewable, energy efficiency, methane capture and energy use, afforestation etc. for CO_2 & CH_4; 30% for N_2O; 65% for HFCs, PFCs.

6 Modalities on CDM A/R Project

(1) Afforestation and Reafforestation

(2) Normal and small-scale CDM A/R projects:

(3) Precondition for project implementation: Qualification for project developer in China, El-

igibility of land.

(4) Technical issues

— Forest definition:

— Project boundary

— Baseline

— Existing or historical, as applicable, changes in carbon stocks in the carbon pools within the project boundary;

— Changes in carbon stocks in the carbon pools within the project boundary from a land use that represents an economically attractive course of action, taking into account barriers to investment;

— Changes in carbon stocks in the pools within the project boundary from the most likely land use at the time the project starts;

— Selection of carbon pools;

— Leakage: Whether or not existing displacement of emission induced directly by project and how to avoid, Whether or not existing market leakage induced directly by project and how to avoid;

— Additionality: Barriers in investment, techniques, policy and so on.

— Crediting period: 20 years renewable and 30 years fixed;

— Non-permanence: T-CER or L-CER

— Monitoring: At a interval of 5 years, verification

— Environmental impact assessment

7 Project Types and Features

(1) Practical Projects: Rehabilitation of degraded lands, Plantations for wood products, Agroforestry, Landscape rehabilitation through planting corridors etc.

(2) Project features:

— A solution to mitigating climate change, supplementing shortage of CER;

— Only project type probably implemented in least developing countries;

— Lower cost comparatively for emission reduction;

— Close linkage with sustainable development;

— Additional values: multi-ply benefits and give back the money,

— Integrated with adaptation,

— Providing forest resource for the future,

— Non-permanence is distinction with CDM project in industrial sector.

8 Factors affecting CDM A/R progress

(1) Slow progress

— 10 methodologies approved but only one registered,

— Delayed rules,

— Rejected by EU EST and loss of American market,

— Uncertainty on international policy and market orientation in following commitment period,

— Most exiting LULUCF activities marketed are beyond Kyoto Protocol.

(2) Factors affecting progress

— Stabilization of politics, economy and finance,

— Land ownership and natural condition,

— Project scale, transaction cost and opportunity cost,

— Domestic management regulation,

— Environmental and social benefits.

9 Potentials of CDM A/R in China

— Eligible land,

— Stable political and economic status,

— Comparatively lower labour cost,

— Experiences in implementing international projects,

— Better policy and economic development potential,

— 20% of global CDM A/R share projected, but obviously difficult to reach.

10 CDM A/R Project Sites Implemented or Being Prepared in China

11 Main state of CDM A/R projects implemented or being prepared in China

(1) Registered 1: Cangwu county and Huanjiang county in Guangxi Autonomous Region.

— 4000 hm^2, CER 600,000 t CO_2e within 15 years, Native species, including *Pinus massoniana*, *Liquidambar formosana*, *Cunninghamia lanceolata*, *L. formosana and Eucalyptus*, Shareholding and farmer group, Multi-benefits

(2) 5 CDM projects are waiting for national approval:

① Reforestation in northwest Guangxi Province.

8,000 ha, multiple functions, Tree species: *Pinus massoniana*, *Liquidambar formosana*, *Cunninghamia lanceolata*, *L. formosana* and *Eucalyptus* etc. , Projected total CER: 720,000tCO_2e by 2017, Small-scale reforestation for landscape restoration in Tengchong, Yunnan Province, now no buyer.

② CDM A/R project in northwestern Sichuan Province

③ Afforestation project for desertification control in Aohan, Inner Mongolia: cooperation with Italy

④ Small-scale CDM reforestation project in Kangping, Liaoning Province: International cooperation is Japan.

⑤ Small-scale reforestation for landscape restoration in Tengchong, Yunnan Province

(3) Project sites to be launched for CDM A/R: 5

① He Long Gang river valley in Hebei Province, ② Mountainous area in Hubei Province, ③ Shibi Mountain in Shanxi Province, ④ Inner Mongolia, ⑤ Henan Province.

12 Barriers on Implementing CDM A/R

- Lack of fee for project preparation
- Lengthy approval and registration process
- Lack of capacity for project participant at local
- Up-front investment for afforestation and reforestation
- Complexity of CDM rules
- Small market(EU ETS don't accept, market in US don't open)
- Uncertainty in following commitment period
- Complexity of techniques involved (leakage, non-performance, accounting, certified period ect.)

— Lower CER Price but higher cost (CER low price, cost of transaction is more than 6% — 50% of cost of project)

— Transaction cost

— Project identification

— Developing baseline methodology

— Drafting PDD

— National approval, stakeholder consultation, environmental assessment

— CER purchase contract and negotiation

— Validation by DOE

— Registration fee

— Monitoring

— Verification and relevant fees

— 2% Fees levied to project for Adaptation Fund

Barriers on Implementing CDM A/R

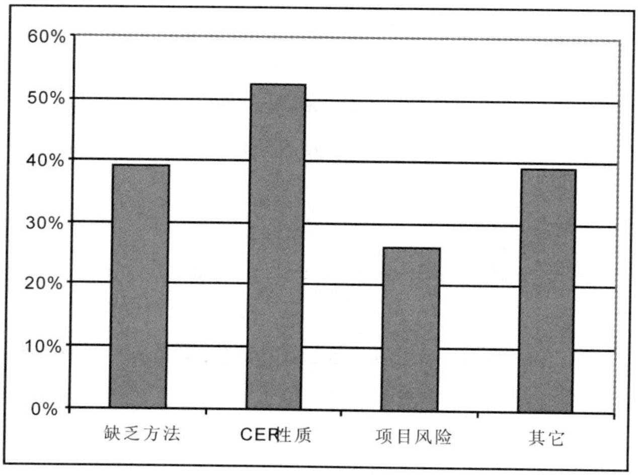

13 Possible Solutions to Barriers

· Establish eligibility criteria to guide project identification (non-forested land or forest cover below 20%)

· Simplifying rules

· Developing good practice guidance

· Encourage using CCB Standard

· Narrow information gap between local farmer and market

· Develop land-using decision supporting system

· Enlarge international market for CDM A/R

14 Future of CDM A/R

· 1% CAP on CDM A/R in first commitment period will not be reached

· The equity concerns on CDM distribution probably push the CDM A/R

· Bali road map, REDD, LULUCF in following commitment period possible create new opportunities

· CDM will be extended into following commitment period, positive reaction from Bangkok meeting this April

· Programmatic CDM

Climate Change and Sustainable Forest Management: Issues for Asia and the Pacific

Patrick Durst

1 Forestry's role in global carbon

Forests have four major roles in climate change: they currently contribute about one-sixth of global carbon emissions when cleared, overused or degraded; they react sensitively to a changing climate; when managed sustainably, they produce woodfuels as a benign alternative to fossil fuels; and finally, they have the potential to absorb about one-tenth of global carbon emissions projected for the first half of this century into their biomass, soils and products and store them - in principle in perpetuity.

Distribution of forests by subregion 2005

Region/subregion	Forest area(1000 ha)	% of global forest area
Eastern and Southern Africa	226534	5.7
Northern Africa	131048	3.3
Western and Central Africa	277829	7.0
Total Africa	**635412**	**16.1**
East Asia	244862	6.2
Sounth and Southeast Asia	283127	7.2
Western and Central Asia	43588	1.1
Total Asia	**571577**	**14.5**
Total Europe	**1001394**	**25.3**
Caribbean	5974	0.2
Central America	22411	0.6
North America	677464	17.1
Total North and Central America	**705849**	**17.9**
Total Oceania	**206254**	**5.2**
Total South America	**831540**	**21.0**
World	**392025**	**100.0**

2 Emissions by GHG & sector

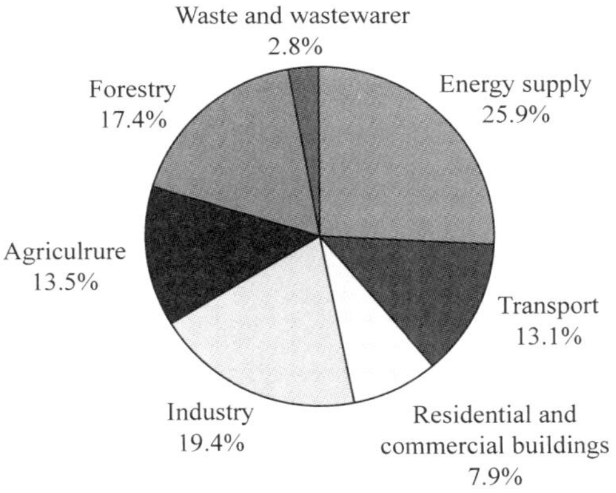

By sector (CO_2 eq) (2004) IPCC AR4

3 Biofuel and climate change

3.1 Increased biofuel production correlated to deforestation?

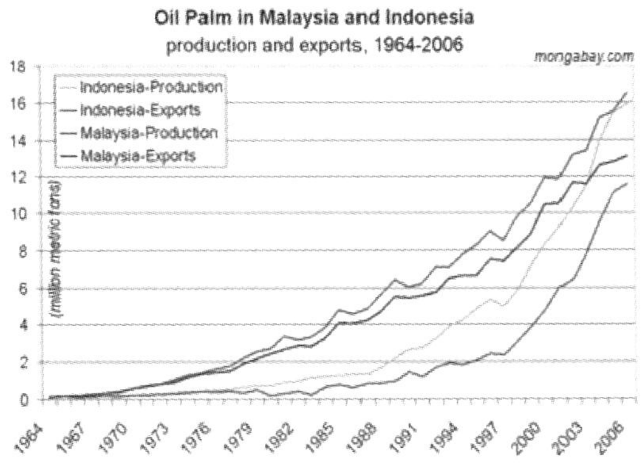

Source: mongabay. com

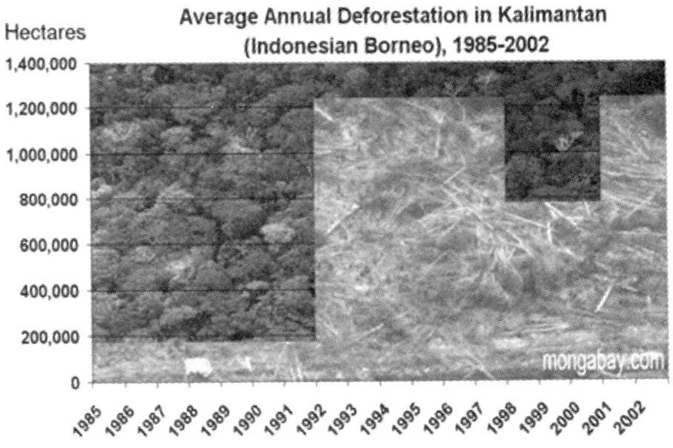

Source: mongabay. com

3.2 Biofuels and impacts

Mixed bag, with many unknowns:

· Biofuels potentially offer some climate change mitigation benefits, but are accompanied by multiple risks, including deforestation.

· Ultimately, biofuel sector development needs to be matched with strong pro-poor, food secure and environmentally-oriented policies.

4 Forestry mitigation options

4.1 The measures of maintaining or increase forest land area

(1) Reduced forest degradation;

(2) Forest management interventions; RIL, etc.

(3) Forest restoration;

(4) Forest conservation;

(5) Wild fire management;

(6) Increase use of wood products for increased carbon stocks and fossil fuel substitution.

4.2 Mitigation options

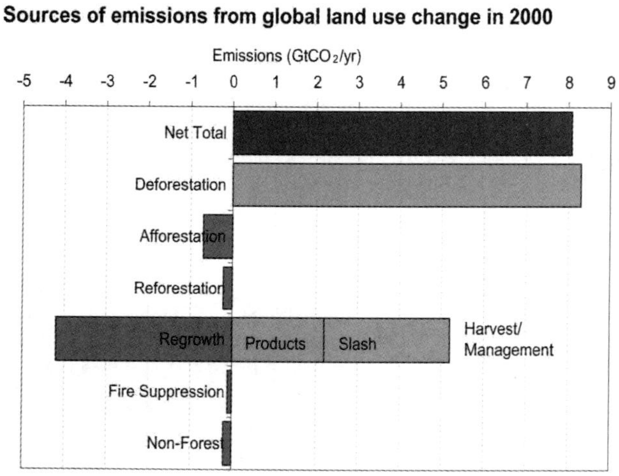

4.3 REDD

(1) REDD: a critical solution REDD

"*Curbing deforestation is a highly cost effective way to reduce emissions.*" (Sterns Review, 2006). Reducing deforestation and forest degradation is a mitigation option available now that can buy time until the world transitions to a low carbon economy.

(2) Decisions at COP13 on REDD COP 13

Decision on reducing emissions from deforestation and forest degradation activities to begin immediately.

(3) Decision on the Bali Action Plan:

2 year process of deliberation on the post- 2012 arrangements under NFCCC leading up to COP15, Copenhagen 2009, to include discussions on, "*policy approaches and positive incentives related to REDD in developing countries; and the role of conservation, sustainable mgmt of forests and enhancement of carbon stock in developing countries.*"

(4) Post-2012 mitigation issues

What emissions reductions commitments will countries make?

What will be eligible for carbon markets (i. a. REDD? forest restoration? Wood products?)

What will happen to A/R CDM?

5 Forestry in UNFCCC and KP

Industrialized countries (Annex-Ⅰ)

- Afforestation, reforestation, avoided deforestation
- Forest management
- Bioenergy

Developing countries (non-Annex-Ⅰ)

- CDM eligibility:

■ afforestation and reforestation

■ bioenergy

- UNFCCC agreement for piloting and demonstration activities for REDD

6 Climate change impacts

6.1 Climate change and climate variability

- rising temperatures
- changes in precipitation
- changes in water availability
- sea level rise
- increase in extreme events (storms)

6.2 Impacts on forests and forest-dependent people

- shifts in species' ranges
- increased risk of pests, diseases and wildfires
- risks to already vulnerable ecosystems (coastal forests, cloud forests, arid zone forests)
- changes in forest productivity & ecosystem services → impacts on livelihoods (health, household income, water supplies, etc.)

6.3 Indirect impacts

- human population shifts
- increase land pressure from agriculture and biofuel production

7 Forestry adaptation responses

7.1 Forest management interventions

· improve forest resilience by applying "best practices"

· adapt management plans and practices in response to changes

· in-situ and ex-situ genetic conservation measures

7.2 Measures to decrease vulnerabilities of forest-dependent people

■ reinforce/build upon existing coping strategies

■ diversification of rural incomes through local forest and agroforestry-based enterprises

■ "rights based approach" to mitigation and adaptation measures (including land & resource tenure, indigenous peoples' rights

■ strengthen institutional frameworks to maximize responsiveness at all levels to change

7.3 Forest mitigation-adaptation links—Adaptation and mitigation measures should be considered together

· If GHG concentrations continue to increase, forests will be more vulnerable to climate change, and potentially act as an increased source of GHGs.

· Necessary to increase resilience of forests and trees to climate change for adaptation and maintenance of forests' mitigation capacity.

· Forestry adaptation measures can help reduce climate change impacts on vulnerable people, who might otherwise increase pressure on forests for land or products and undercut their mitigation potential.

7.4 Necessary Components for REDD's success

■ KISS ("Keep it simple, stupid!)

■ Important for carbon stocks to be accurately monitored and assessed.

■ Need for overall strengthened monitoring, assessment and reporting (MAR) on forests. An example is the Japanese-funded project, "*Strengthening Monitoring, Assessment and Reporting (MAR) on Sustainable Forest Management (SFM) in Asia.*"

Enhanced Forest Resource Assessment (FRA) programs are key -as is support for individual countries to strengthen their FRA programs.

7.5 Financial support for Mitigation and Adaptation

(1) Carbon markets

■ regulated CDM market (1 A/R project)

■ voluntary market (36% are forestry projects)

(2) Bilateral and multilateral support for forest mitigation and adaptation projects

(3) Funds earmarked for REDD pilot activities

■ World Bank Forest Carbon Partnership Facility

■ Norway's initiative to curb deforestation

■ Australia's Global Initiative on Forests and Climate Change

(4) Funds for adaptation

■ GEF funds

■ Adaptation Fund established at COP13

8 Information and outreach—Climate change publication series, also in preparation:

■ "Integrating climate change into forest policy and legislation: responding to the international framework".

■ Manual on accessing carbon finance for the land-use sector (focus on voluntary carbon markets)

Special study on climate change for FRA 2010

Special study on forests and climate change for the Asia-Pacific Forestry Sector Outlook Study

Film for the public on forests and climate change (w/ UK Gov't)

CLIM-FO-L list serve Website: www. fao. org/forestry/site/climatechange/en

9 Other activities

(1) Technical support to UNFCCC/IPCC processes

· submissions on REDD and adaptation

· hosted UNFCCC workshop on REDD, Sept. 2006

(2) Country support for climate change projects (e. g. Kyrgyzstan, Uzbekistan, Mozambique, Liberia, etc.

(3) CDM methodology (sawmill residues)

(4) Neutral forum and exchange of experiences

· High Level Conference on Food Security, Climate Change and Bioenergy, 3 –5 June 2008

· Climate change workshops at Regional Forestry Commission meetings 2008

(5) Working in partnerships

FAO-UNDP-UNEP REDD Partnership

CPF Strategic Framework for Climate Change

IUFRO-led Expert Panel on Adaptation of Forests to Climate Change

Int'l Conference on Adaptation of Forests to Climate Change (Umea, Sweden, Aug. 2008)

Process to harmonize forest-related definitions

FAO - UNDP - UNEP REDD Partnership

The Asia-Pacific Network for Sustainable Forest Management and Rehabilitation(APFNet)

Liu Xin *

1 Background

Forests play a vital role in sustainable development, providing a range of economic, social and environmental benefits, including essential ecosystem services such as climate change mitigation and adaptation. Sustainable forest management, including forest rehabilitation, contributes significantly to development and poverty alleviation.

The Asia-Pacific region is rich in forest resources, encompassing a number of economies with large forests. Sustainable forest management and rehabilitation in the Asia-Pacific region will contribute to the sustainable development of the forestry industry and poverty alleviation of poor forest-dependent communities in the region. Sustainable forest management will also contribute to national and global efforts to mitigate and adapt to global warming by reducing carbon emissions and increasing carbon sequestration. Actions that avoid deforestation and promote sustainable management of existing forests, including reforestation, have great potential to address climate change given that deforestation represents some 20 percent of global emissions.

Some economies in the Asia-Pacific region have accumulated abundant experiences and expertise in sustainable forest management and rehabilitation, while others are in urgent need of useful information and technical assistance to address deforestation and forest degradation. There is a need to bridge the gap and share experiences and expertise among economies in the Asia-Pacific region.

In this regard, the establishment of the Asia-Pacific Network of Sustainable Forest Management and Rehabilitation (APFNet), proposed by China and co-sponsored by Australia and the United States, was agreed by the 15th APEC Economic Leaders' Meeting in September 2007 in Sydney, Australia and was incorporated in the Sydney APEC Leaders' Declaration on Climate Change, Energy Security and Clean Development to "enhance capacity building and strengthen information sharing on sustainable forest management in the forestry sector" in the region.

2 Nature of the APFNet

(1) Openness and Participation

The Network will be open to economies, other states, government agencies, international or-

* Liu Xin, APF Net,State Forestry Administration, P. R. CHINA.

ganizations, private sector, NGOs and scientific institutions.

(2) Complementarities

The Network will collaborate with all regional forest initiatives and processes to identify synergies, avoid duplication, identify opportunities and facilitate cooperation. The Network is intended to support the Multi-Year Program of Work of the United Nations Forum on Forests (UNFF) and the implementation of the Non-legally Binding Instrument on All Types of Forests, including the Global Objectives on Forests. The Network will also complement the Australian Government's International Forest and Carbon Initiative, as well as the regional work of the International Tropical Timber Organization (ITTO) and the Food and Agriculture Organization (FAO) of the UN.

3 Mission

The mission of the Network is to promote and improve sustainable forest management and rehabilitation in the Asia-Pacific region through capacity-building, information-sharing, regional policy dialogues and pilot projects.

4 Objectives

The objectives of the Network are:

(1) To promote forest rehabilitation, reforestation and afforestation in the region to contribute to the achievement of the aspirational goal of increasing forest cover in the APEC region by at least 20 million hectares of all types of forests by 2020.

(2) To strengthen sustainable forest management and improve forest quality in the region, including climate change mitigation and adaptation response and to increase carbon sequestration.

(3) To improve the productive capacity and socio-economic benefits of forest ecosystems and enhance biodiversity conservation in the region.

5 Modalities of the Network

(1) Relationship with APEC

The APFNet will not be a formal APEC subsidiary body, but it will report to APEC on its progress and activities. In addition, the APFNet may apply for small projects through the APEC mechanism.

(2) Relationship with Other Ongoing Regional Initiatives

① Collaborate with existing regional initiatives and processes, and strengthen synergies to promote SFM and forest rehabilitation in the Asia-Pacific region.

② Differentiating from and complementing the ongoing regional initiatives through a focus on SFM-related project activities of the Network

(3) Consultation Mechanism

A consultation process will be established with representatives from China, United States, Australia and other potential partners to facilitate discussions on the operation and future development of the Network.

(4) Secretariat

The Secretariat of the APFNet will be hosted by China and will be headed by a Director General in charge of the daily work. The Secretariat will establish and maintain a website. An Interim Secretariat under SFA has already been established to prepare for the launch and early operation of the Network.

6 Financial Mechanism of the Network

China and Australia will provide initial funding to launch the Network. These financial resources will support activities of the Network in the early stages and are expected to attract voluntary contributions from other donors, including corporate entities and international organizations. The possibility of establishing a trust fund and seeking funding from APEC will be explored with further development of the Network.

Information: http://www.apfnet.cn

Natural Managed Forests in a Climate Strategy: A California Example

Andrea Tuttle *

1 Introduction

Forests duple functions = Carbon Sink + Carbon Emission

Photosynthesis = Sink and Forest Loss = Emission

e. g. Tropical Forest Deforestation = 20% global CO_2 emissions

Kyoto Protocol (Bali) → new REDD program = "Reduced Emissions from Deforestation and Degradation"

2 Principles: Forests in a Climate Strategy

(1) Keep Forest Land As Forest

(2) Increase carbon storage

· In the Forest: Restore Carbon storage to Natural Capacity

· In long-lived Wood Products

(3) Maintain forest health: Wildfire, Pests, Invasive species especially in face of climate change

(4) Use biomass & lignocelluloses energy where appropriate to offset fossil fuel use

3 Policy Setting

Natural Forest Management = Outside of Kyoto Protocol

(but successful in Voluntary Carbon Market)

Forest type	Management style	Kyoto Protocol Crediting
Natural	Protection (eg.: Parks)	—— (national GHG reporting)
Natural	Managed for wood proucts	—— (national GHG reporting) KP 2012: "Consider"
Plantation (native species/ non-native species)	Afforestation Reforestation	A/R CDM
Tropical	Deforestation	REDD (avoid REDD)

* Andrea Tuttle, GTZ. E-mail: atuttle@suddenlink.net

4 The Example of California

4.1 The California Structure

Registry ,California climate action registry (CCAR)
Forest Protocols = Accounting Rules
State Legislation (AB 32): "The Global Warming Solutions Act of 2006" ;
Forest Protocols = Discrete, Voluntary Early Action

4.2 California climate action registry (CCAR) 2001

(1) Created by Legislation: Request of business sector
(2) Emissions Registry: CCAR
- Place for Businesses to report GHG Emissions
- Voluntary

(3) Purpose of Registry:
- Establish Emission Baseline for the entity
- Record Early Actions to reduce GHG emissions

(4) Goal of Registry: "Gold Standard"
- Transparent, credible metrics
- A Baseline, or Base Year is established as a reference point
- Report Annually - track emission increase or decrease over time
- Entity-wide reporting - i. e. not just "cherry picking" projects
- Project-reporting is optional
- Third-Party certification is required

4.3 2006 AB 32 "California Global Warming Solutions Act"

Goal: 1990 emission levels by 2020
- Authority to Air Resources Board (CARB)
- Requires mandatory GHG reporting for large sources
- CARB: To set emission limits by 2010
- TARGET: 1990 levels by 2020 (~30% from current).
- Mix of actions: Mandatory - Market - Voluntary actions

4.4 California Forest Protocols

- First Example of Natural Forest Management projects - not just A/R
- Require: Natural forest management; Native species
- C Stock reported annually Include growth, harvest, losses
- Key Concepts: (1) Baseline (2) Additionality (3) Permanence (4) Leakage (5) Verification

4.5 General Approach

Data: Forest Inventory, by stand type; Other Carbon pools; Growth and Yield modeling of forest over time; Convert Tree Volume & C pools to CO_2 tons

Management Decision for Carbon Additionality

(1) What is "Business as Usual" Management?

(2) How to manage differently to store more Carbon?

e. g. Cut less than growth; Longer rotations, Bigger trees; Larger riparian buffers] Longer lasting wood products.

5 Carbon-Added Forest Management

5.1 Key concepts in carbon accounting

- Baseline - Business as Usual C cycle
- Additionality - New stored carbon
- Leakage - Gains not lost elsewhere
- Permanence - Ensure Net C remains stored over time (Kyoto: 100 year standard)

5.2 California Approach

Baseline: ⟶"Regulatory Baseline"

Legal, aggressive harvest allowed by the CA Forest Practice Rules (= BAU)

Additionality: Practices that exceed BAU, in anticipation of future C credits ⟶the atmosphere sees a difference

5.3 California approach cont'd

Permanence:

- "Permanent Conservation Easement" ensures forest land base
- = A legal contract: Removes development potential of parcel

Also considering: "Contract carbon" - Less than permanence: e. g. 50 yr. Contract , But: Carbon Credit sells for Discounted rate

Leakage:

- Whole Entity reporting ⟶ No within-entity leakage
- Sector Leakage ⟶ Reduced as participation expands

Validation: 3rd Party Certification (similar to FSC); Yr. 1, then every five years to certify emissions reductions

5.4 Rebuild Forest C Stores to Natural Capacity Store Additional C in Forest

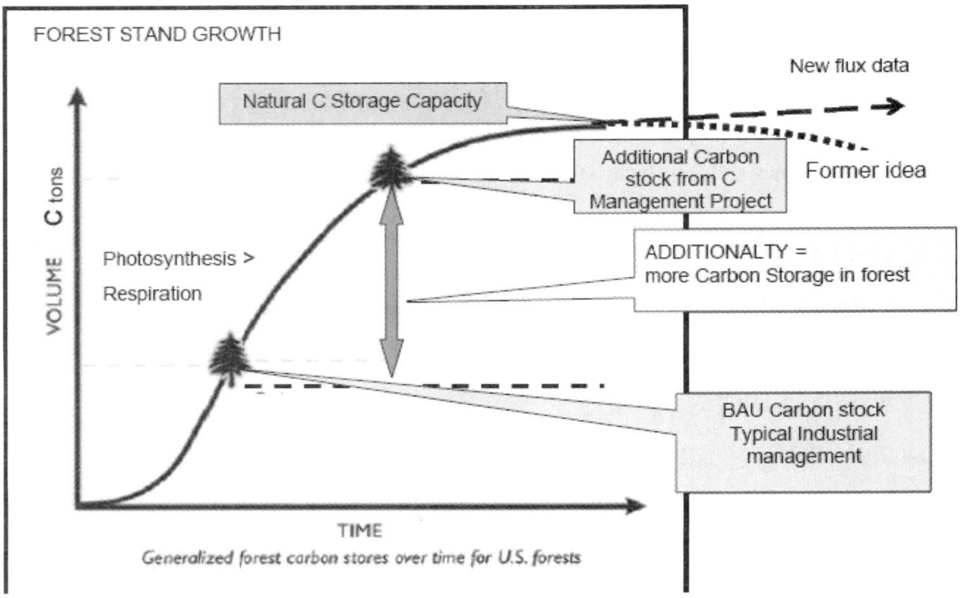

Generalized forest carbon stores over time for U.S. forests

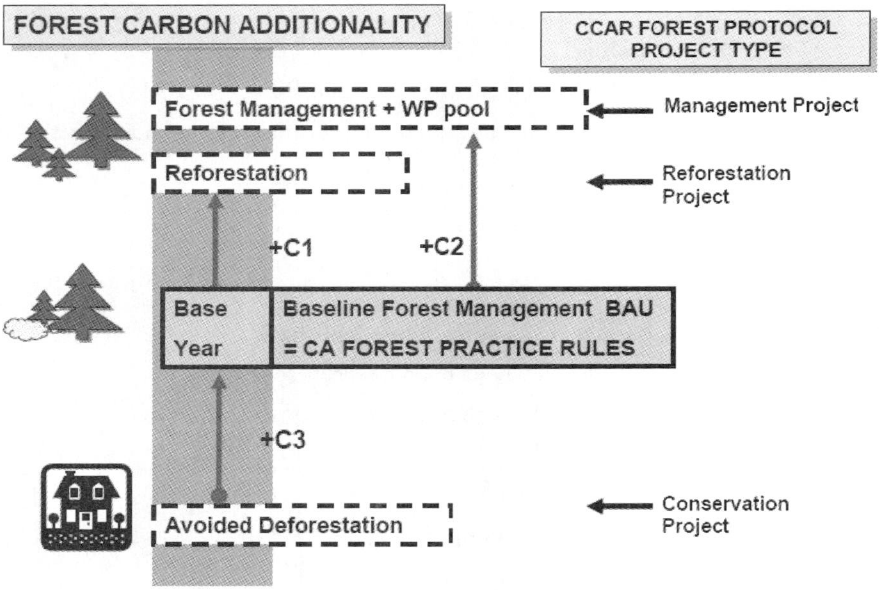

(not to scale)

6 The Van Eck Forest Example

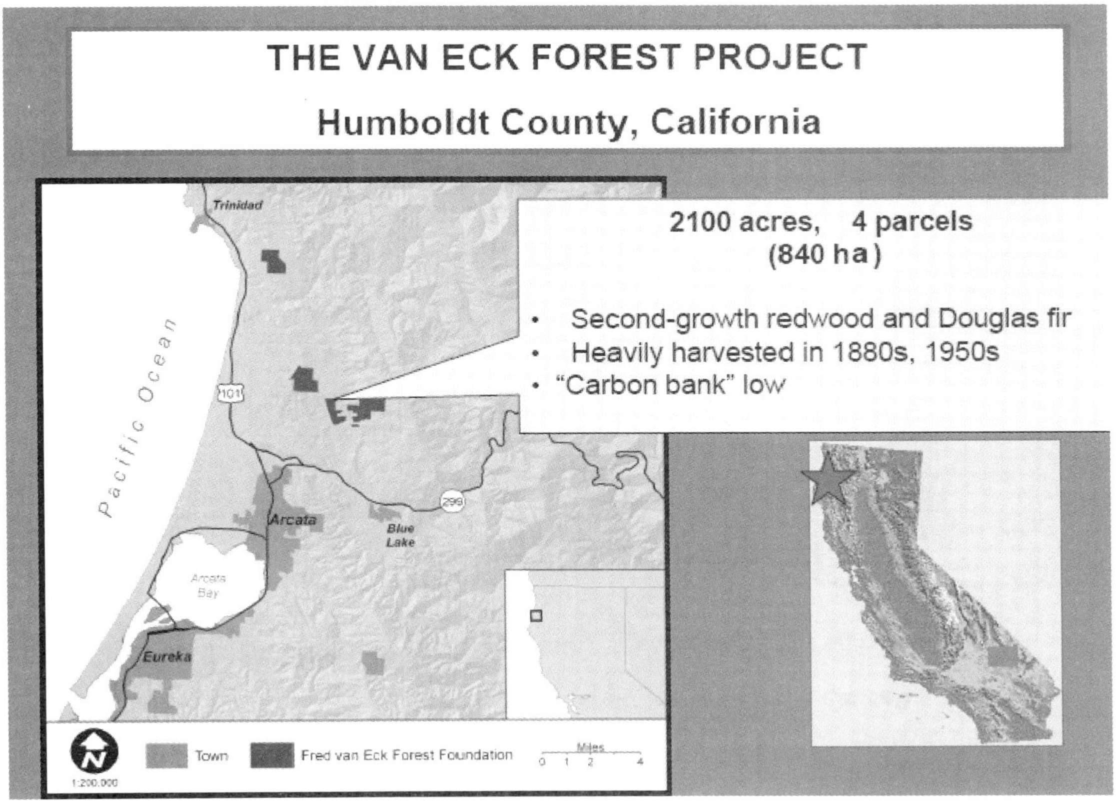

Management Objectives

- Restore forest bio-diversity, structure, and ecosystem services
- Steady harvest of wood products (selective harvest)
- Harvest 50% of Growth
- Produce Higher C Stocks

Results in ⟶ Additional 500000 + tons CO_2 over 100 years

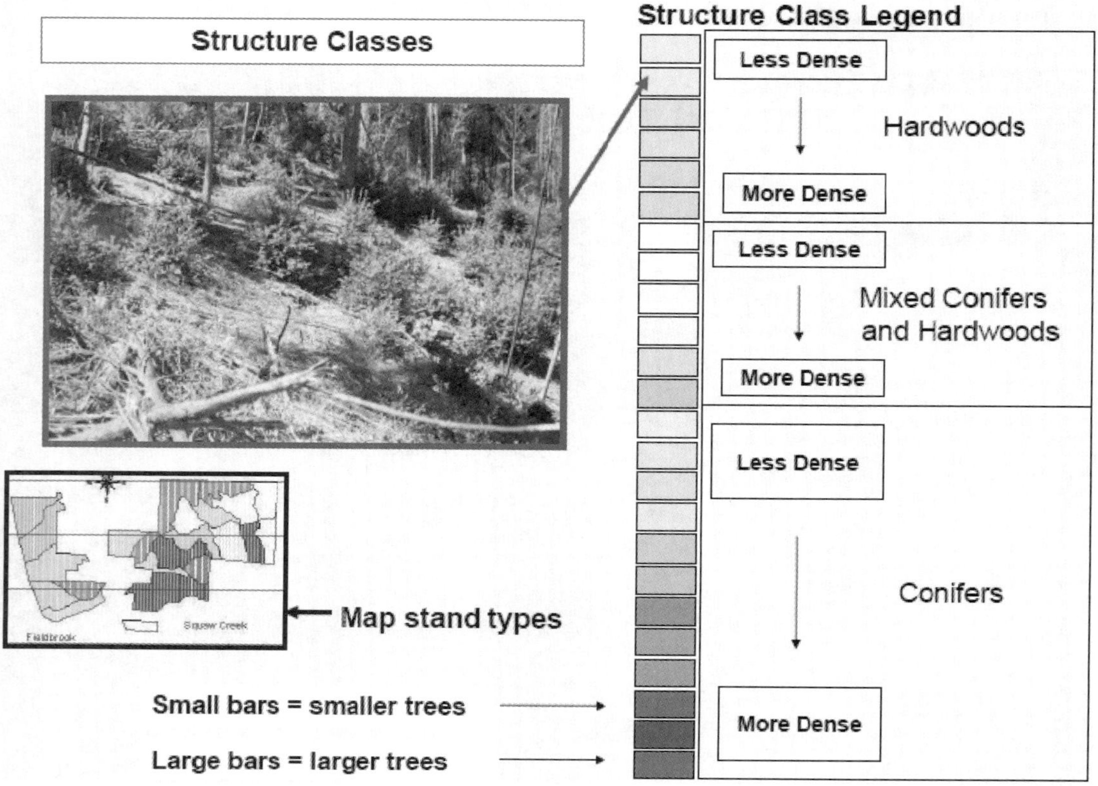

California van Eck Forest

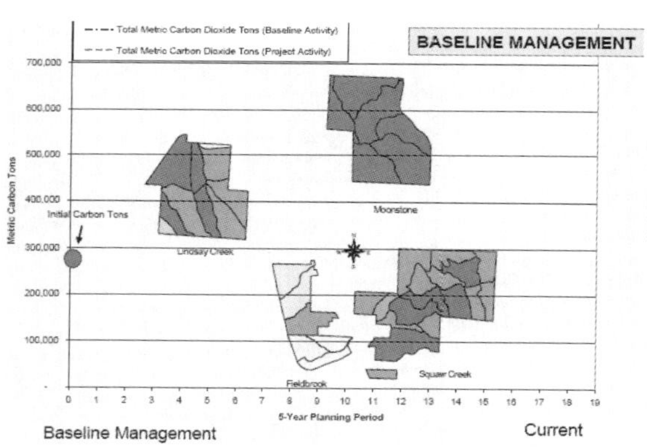

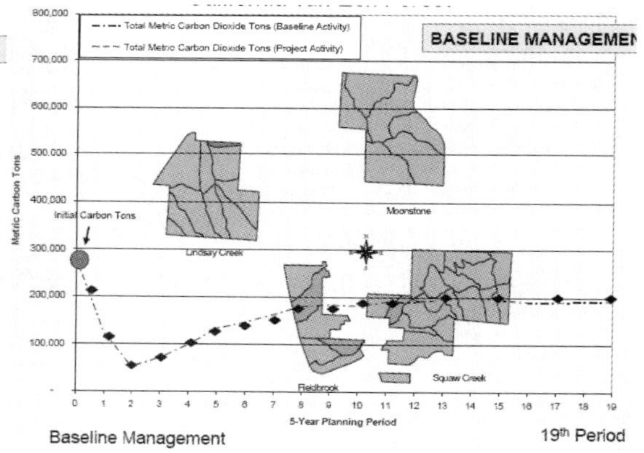

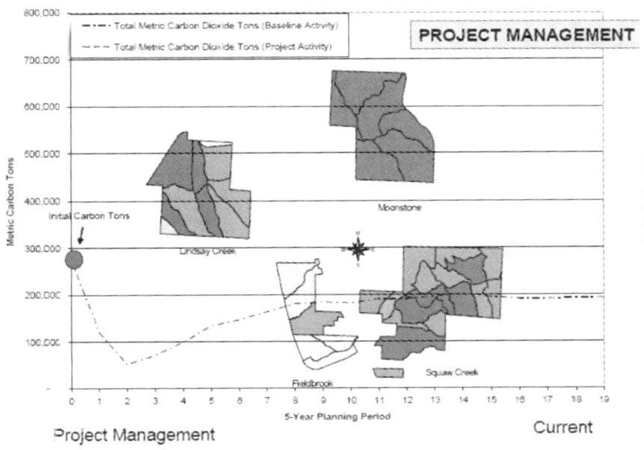

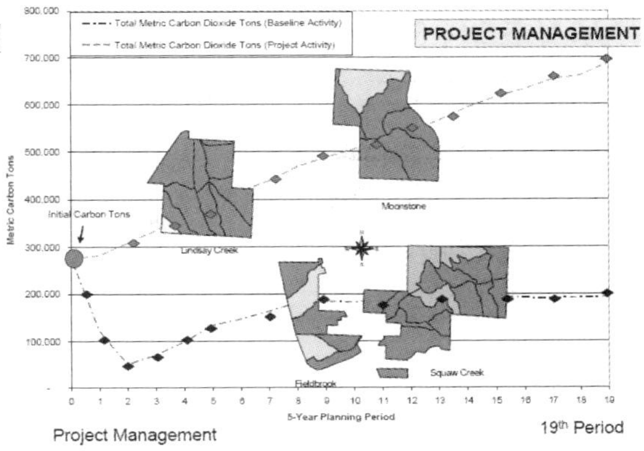

VAN ECK FOREST - HUMBOLDT COUNTY - 2100 acres

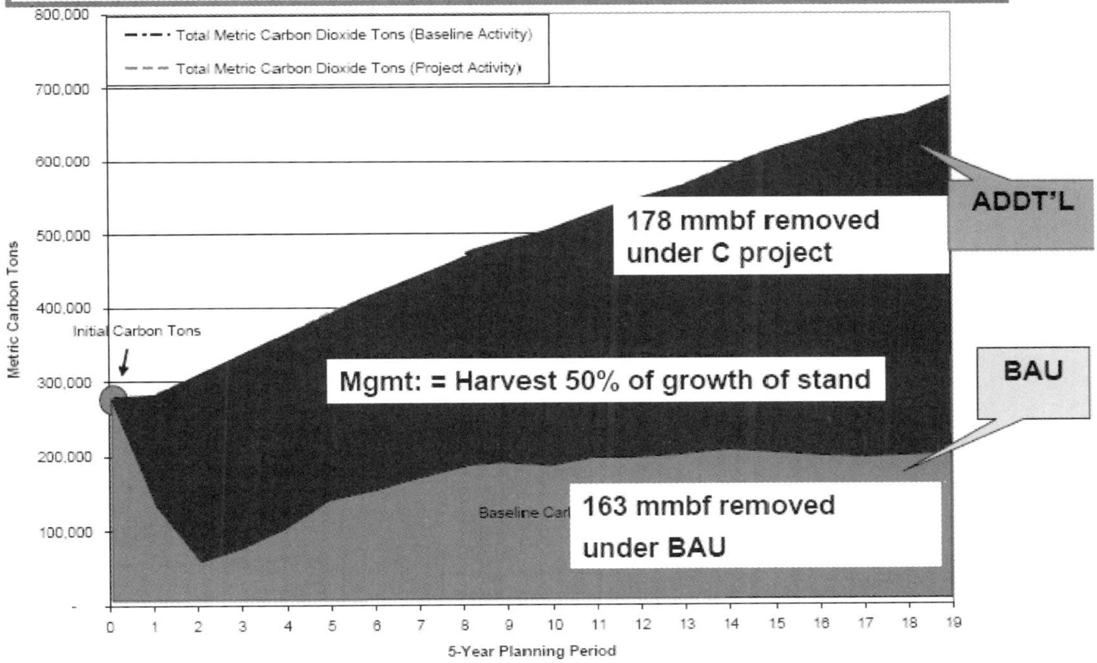

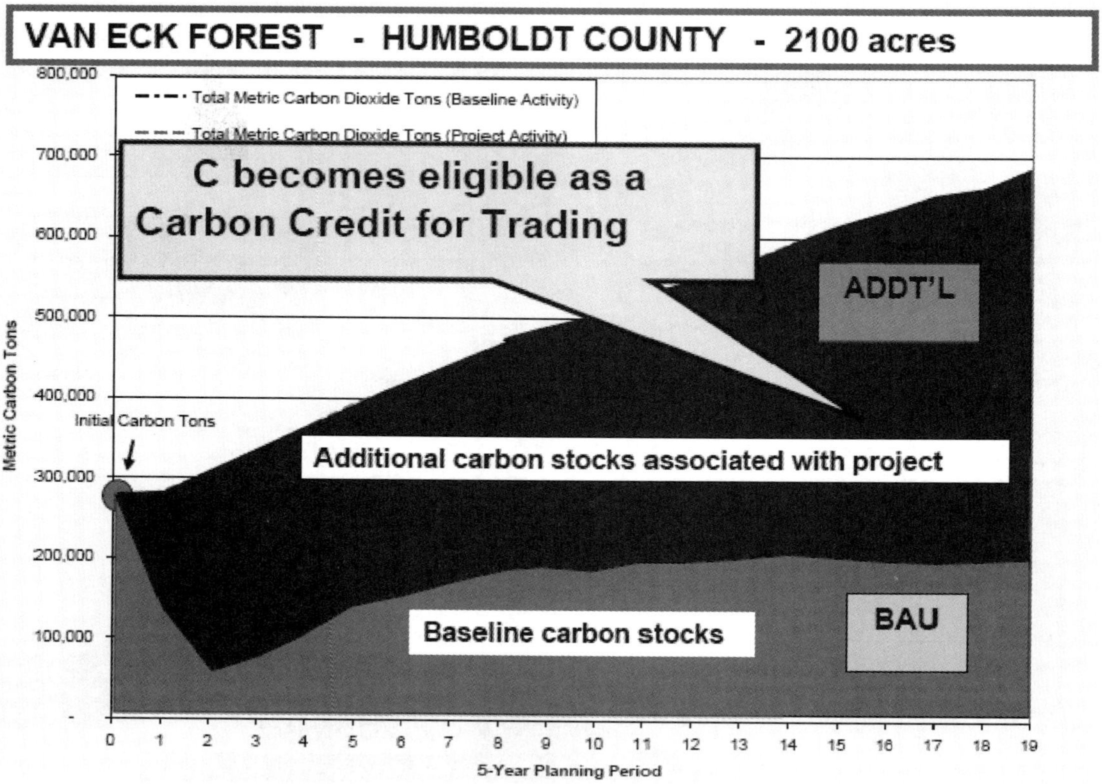

Van Eck Forest Project

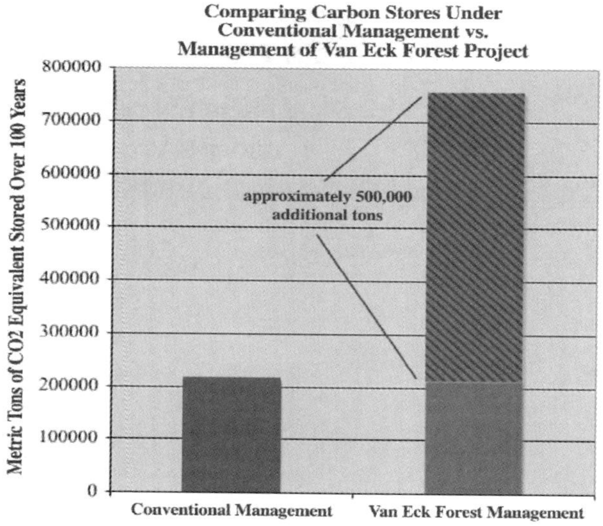

7 Questions for China & GTZ project

7.1 Include Carbon in SFM project in Managed Natural Forests?

— what forest types

— what forest management

What is BAU baseline? what is forest management in absence of a Carbon project?

What new management practices will produce additional C storage for climate benefit? Cut less than growth? Longer rotations?

How to ensure Permanence? (100 yrs or discounted value for the ton of C)

Reduce Leakage? Provide Independent Validation?

7.2 Forest adaptation with Climate change

— Anticipate Wildfire, Pests, Invasive issues;

What is the intended use of the Carbon Credits?

— Internal domestic market;

— External Voluntary Market;

— Offset national emissions?

7.3 Linking C projects with FSC Certification?

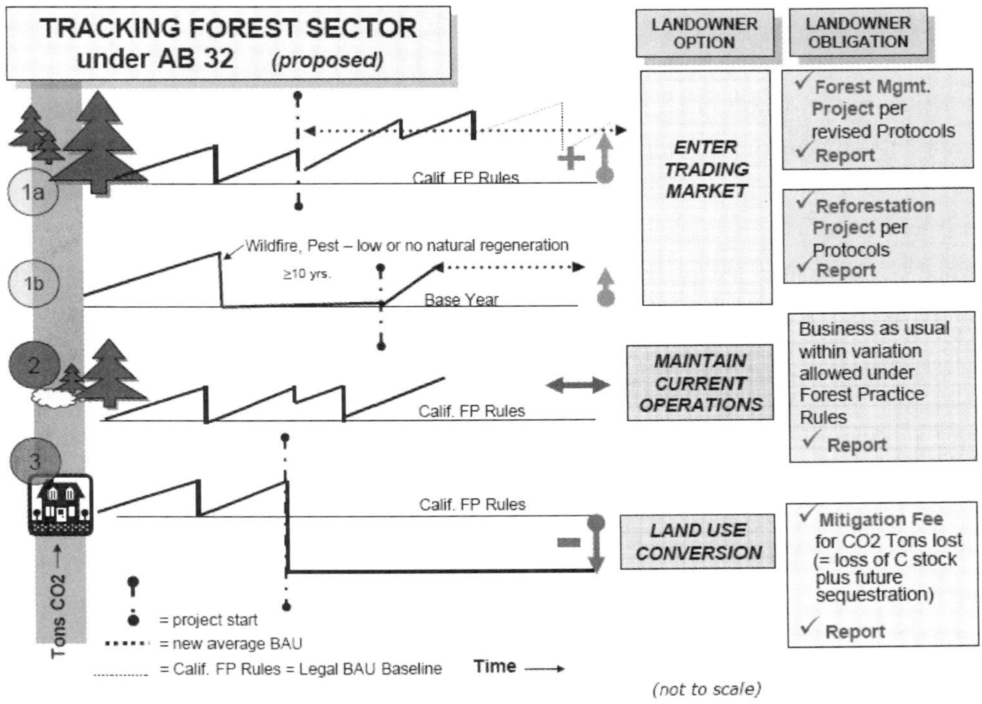

National Climate Change Programme of China

Li Liyan *

• National Climate Change Programme of China was approved by the State Council on June 3 2007;

• National Climate Change Programme of China includes Five Parts; details are shown in the following slides:

Part I
Climate Change and Corresponding Efforts in China

Observations and Trend of Climate Change in China

Annual average air temperature has increased by 0.5-0.8℃ during the past 100 years, which was slightly higher than the average global temperature rise.

Current GHG emissions in China

Based on Chinese experts' estimation, China's total GHG emission in 2004 is about 6,100 million tCO_2e (5,600 million tons of net emissions), of which 5,050 million tons of CO_2, 720 million tCO_2e of CH_4 and 330 million tCO_2e of N_2O. From 1994 to 2004, the annual average growth rate of GHG emissions is around 4%.

The emission intensity defined as the CO_2 emission per unit of GDP declined generally. China's emission intensity falls to 2.76 $kgCO_2$/US $ (constant 2000 USD) in 2004, as compared to 5.47 $kgCO_2$/US $ in 1990, a 49.5% decrease (IEA). For the same period, emission intensity of the world average dropped only 12.6% and that of the OECD countries dropped 16.1%.

China's Efforts and Achievements in Mitigating Climate Change

Restructuring the economy, promoting technology advancement and improving energy efficiency. During the period of 1991 ~ 2005, China has achieved an annual GDP growth rate of 10.2% with an annual growth rate of 5.6% in energy consumption, i.e. about 0.55 of the elasticity of energy consumption. Consequently, an accumulated 800 million tce of energy were saved by economy restructuring and energy efficiency improvement, which is equivalent to a reduction of 1.8 billion tons of CO_2 emissions.

* Li Liyan, Deputy Director, Office of National Leading Group on Climate Change, National Development and Reform Commission, P. R. China

Optimizing energy mix by developing low-carbon and renewable energy. By the end of 2005, the installed capacity of hydropower generation has reached 117 GW in China, accounting for 23% of the total power generation capacity, and the corresponding power generation was 401 TWh, accounting for 16.2% of total electricity generation. The utilization of renewable energy in China equaled to 166 million tce (including large hydropower), accounting for 7.5% of China's total energy consumption in that year, equivalent to a saving of 380 million ton CO_2 emissions.

Launching nationwide tree-planting and afforestation campaign and enhancing ecology restoration and protection.

Tthe acreage of conserved artificial forests in China was 54 million ha, ranking the top one in the world, and the amount of growing stock was 1,505 million m^3. Estimated by relevant experts, from 1980 to 2005, a total of 3.06 billion ton CO_2 absorption was achieved by afforestation.

Effectively controlling the growth rate of population through family planning.

· Since the implementation of the family planning program from 1970s, over 300 million births have been averted nationally by 2005. According to the average per capita emissions from the IEA statistics, the averted births have resulted in an annual reduction of CO_2 emissions by about 1.3 billion tons in 2005.

Part II
China's Basic National Circumstances and Impacts of Climate Change on China

China's Basic National Circumstances of Climate Change

Inferior climatic conditions and severe natural disasters. China has relatively harsh climatic conditions. Most of China has a continental monsoon climate with more drastic seasonal temperature variations compared with other areas at the same latitude such as North America and West Europe. In most part of China, it is cold in winter and hot in summer with extremely high temperature. Therefore, more energy is necessary to maintain a relatively comfortable room temperature. China frequently suffers from meteorological disasters, which are unusual worldwide in terms of the scope of affected areas, the number of different disasters, the gravity of disaster and the mass of affected population.

China is a country with a vulnerable ecosystem. China's grassland area , most of which are high-cold prairie and desert steppe while the temperate grasslands in Northern China are on the verge of degradation and desertification because of drought and environmental deterioration. China's total area of desertification for 2005, accounting for 27.4% of the country's territory. China has a continental coastline extending over 18,000 km and an adjacent sea area of 4.73 million km^2, as well as more than 6,500 islands over 500 m^2. As such, China is vulnerable to the impacts of sea level rise.

Due to the constraints of resource endowment, China's primary energy mix is dominated by coal. In 2005, China's total primary energy consumption, while the shares of coal in the world primary energy consumption were 27.8%, respectively. Because of the coal-dominated energy mix, CO_2 emission intensity of China's energy consumption is relatively high.

China has the largest population in the world. In 2005, the population of China's mainland was 1.31 billion (not including Hong Kong, Macao and Taiwan), accounting for 20.4% of the world total. In 2005, China's per capita commercial energy consumption was about 1.7 tce, only 2/3 of the world average, let alone the average level of developed countries.

China is currently at a relatively low level of economic development. In 2005, the per capita Gross Domestic Product (GDP) of China was about US $ 1,714, only about 1/4 of the world average level.

By the end of 2005, the poverty-stricken people in China's rural areas numbered 23.65 million, with the per capita annual pure income less than 683 Chinese Yuan.

Impact of Climate Change on China

Impacts of climate change on China are mainly in the areas of agriculture and livestock industry, forest and other natural ecosystems, water resources, coastal zone, and other sectors.

Part III
Principles and Objectives of China to Address Climate Change

Principles to Address Climate Change

6 principles:

(1) To address climate change within the framework of sustainable development.
(2) To follow the principle of "common but differentiated responsibilities" of the UNFCCC.
(3) To place equal emphasis on both mitigation and adaptation.
(4) To integrate climate change policy with other interrelated policies.
(5) To rely on the advancement and innovation of science and technology.
(6) To participate in international cooperation actively and extensively.

Objectives of China to Address Climate Change

To control GHG emissions: China will achieve the target of about 20% reduction of energy consumption per unit GDP by 2010, and consequently reduce CO_2 emissions. To raise the proportion of renewable energy (including large-scale hydropower) in primary energy supply up to 10% by 2010, the extraction of coal bed methane up to 10 billion m^3. The emissions of nitrous oxide from industrial processes will remain stable as that in 2005. To promote the adoption of new technology; promote biogas utilization to control the growth rate of methane emissions and increase the forest coverage rate to 20%.

To enhance capacity of adaptation to climate change: increase the improved grassland by 24 million ha, restore the grassland suffering from degradation, desertification, and salinity by 52 million ha, and strive to increase the efficient utilization coefficient of agricultural irrigation water to 0.5. 90% of typical forest ecosystems and national key wildlife are effectively protected and nature reserve area accounts for 16% of the total territory; and 22 million hectares of desertified lands are under control.

The anti-flood engineering systems in large rivers and the high standard for drought relief in farmland will be completed. the capability to resist marine disasters will be raised remarkably, and the social influence and economic losses caused by sea level rise will be reduced in maximum.

Part IV
Policies and Measures to Address Climate Change

Policies and Measures to Address Climate Change

In accordance with the requirement of carrying out the Scientific Approach of Development, China will combine its efforts to address climate change with the implementation of sustainable development strategy, the acceleration of building-up a resource-conserving and environmentally-friendly society, and an innovative country, which will be integrated into the overall national economic and social development plan and regional plan; and China will mitigate greenhouse gas emissions and in the meantime improve its capacity to adapt to climate change. China will make its efforts to realize the objectives and tasks presented in this program through adopting a series of institutional, legal, economic and technological instruments in order to strengthen energy conservation, optimize energy mix, improve ecological environment, enhance adaptation capacity, intensify research and development and improve research capacity, raise public awareness and improve mechanisms for climate change administration.

Key Areas for GHG Mitigation

In energy production and transformation sector, it is expected that the GHG emissions can be reduced by about 500 Mt CO_2 by 2010 through the proper development of hydropower;

Through the active promotion of nuclear power, it is expected that the GHG emissions can be reduced by about 50 Mt CO_2 by 2010;

Through energy conservation, advanced power transmission, utilization of wind, solar, geothermal, tidal, bio-energy, nuclear power and distributed thermal power generation based on level of coal consumption, it is expected that a total of 90 million tons of coal can be saved per year in 2010, and CO_2 emissions can be reduced by 216 million tons;

Through the expedition of technology advancement in thermal power generation and phasing out small-scale backward units, it is expected that the GHG emissions can be reduced by about 110 Mt CO_2 by 2010.

Vigorously develop coal-bed methane (CBM) and coal-mine methane (CMM) industry. encourage the cooperation of CDM (clean development mechanism) projects. It is expected that the GHG emissions can be reduced by about 200 Mt CO_2e by 2010.

Promote the development of bio-energy. It is expected that the GHG emissions can be reduced by about 30 Mt CO_2e by 2010. Actively support the development and utilization of wind, solar, geothermal and tidal energy. It is expected that the GHG emissions can be reduced by about 60 Mt CO_2 by 2010.

Realizing the increase of carbon sink by 50 million tons over the level of 2005 by 2010.

Through the implementation of 10 key energy conservation programmes, it is estimated that 240 Mtce can be conserved during the 11th five-year plan period (2005 ~ 2010), equivalent to 550 Mt CO_2 reductions.

During the 11th five-year plan period (2005 ~ 2010), and a series of policies and measures to address climate change should taken in the overall context of national sustainable development strategy, making positive contributions to the mitigation of and adaptation to climate change.

Key Areas for Adaptation to Climate Change

Agriculture

- Improve agricultural infrastructures, adjust structure and cropping systems;
- Breed stress-resistant varieties & prevent grassland desertification aggregation;
- Study and research on new technologies. In terms of improving its capacity of adapting to climate change and resisting climatic disasters.

Forests and other natural ecosystems:

- Formulate and implement laws and regulations relevant CC adaptation.
- Protect existing forest resources and ecosystems, and develop technology. Strengthen technology development and extension.
- To alleviate the impact of climate change on biodiversity.
- Improve early-warning, and emergency responding capacities.

Water resources

- Develop investment and financing system and management system for key water conservancy projects consistent with the socialist market economy. Strengthen infrastructure planning and construction. Promote the development and extension of technologies for water allocation, water-saving, and sea water utilization.

Coastal zones and coastal regions

- Establish and improve relevant laws and regulations. Promote technology development and extension. Improve the capability in marine environmental monitoring and early-warning. Strength adaptation strategies to address sea level rise.

China's Administrative Measures to Address Climate Change

The Government of China decided to establish a National Climate Change Leading Group headed by Premier Wen Jiabao, and a series of policies and measures to address climate change have been taken in areas of climate change science and technology, public awareness, institutions and mechanisms to continuously enhance China's national comprehensive capacity to address climate change.

Part V
China's Position on Key Climate Change Issues and Needs for International Cooperation

China's Position on Key Climate Change Issues

Mitigation of greenhouse gas emissions

Mitigating greenhouse gas emissions is one of the important components in addressing climate change. According to the principle of "common but differentiated responsibilities" of the UNFCCC, the Parties included in Annex I to the Convention should take the lead in reducing greenhouse gas emissions. For developing countries with less historical emission and current low per capita emission, their priority is to achieve sustainable development. As a developing country, China will stick to its sustainable development strategy and take such measures as energy efficiency improvement, energy conservation, development of renewable energy, ecological preservation and construction, as well as large-scale tree planting and afforestation, to control its greenhouse gas emissions and make further contribution to the protection of global climate system.

Adaptation to climate change

Adaptation to climate change is an integral part of addressing climate change. In the past, sufficient attention was not given to adaptation, but it is now required a shift in direction. When formulating further legal documents to address climate change in the future, the international community should give full consideration to adaptation to the climate change already under way, especially the promotion of developing countries' capacity against extreme climatic events. For this purpose, China is ready to cooperate with the international community to actively participate in activities for climate change adaptation and formulation of relevant legal documents.

Technology cooperation and transfer

Technology will play the central role in addressing climate change. International technology cooperation and transfer should be strengthened to share the benefit of technological development worldwide. Measures in this regard should include the following: establishing an effective technology cooperation mechanism to promote R&D, deployment and transfer of technology of addressing climate change; eliminating obstacles to technology cooperation and transfer in terms of policy, institution, procedures, financial resources and protection of intellectual property rights; initiating incentive measures for technology cooperation and transfer to ensure its occurrence in reality; establishing a special fund for international technology cooperation so that environment-and-climate-friendly technologies are accessible and affordable to developing countries.

Full implementation of commitments under the Convention and the Kyoto Protocol

The UNFCCC has provided the objectives, principles and commitments to address climate change, based on which the Kyoto Protocol further set up the specific greenhouse gas reduction targets for Annex I country Parties for the period from 2008 to 2012. All parties are supposed to faithfully implement their respective commitments under the Convention and the Kyoto Protocol. The developed countries should fulfill their commitments of taking the lead to reduce their greenhouse gas emissions and providing financial assistance and technology transfer to the developing countries. As a country of responsibility, China will seriously fulfill its commitments under the Convention and the Kyoto Protocol.

Regional cooperation on climate change

The UNFCCC and the Kyoto Protocol are the major legal frameworks for the international community to address climate change, which do not close the door to regional cooperation on climate change. Regional cooperation on climate change, in any form, should function as a helpful complement to the UNFCCC and the Kyoto Protocol rather than replacing or weakening them. The purpose of regional cooperation should be to stimulate all efforts to address climate change and to boost practical international cooperation. China will participate in regional cooperation on climate change in this way.

Needs for International Cooperation on Climate Change

Needs for technology transfer and cooperation

China's technology need for mitigation of climate change mainly covers advanced energy production and utilization technology, environmental protection and resource comprehensive utilization technology, high-efficiency transportation technology, new material technology, new-style building material technology, etc

Technology need for adaptation to climate change

China's technology need for adaptation to climate change mainly includes high-efficiency water-saving agro-technologies such as spray & drip irrigation, water-saving and reusing technology of industrial water, treatment technology of industrial and household wastewater, household water-saving technology, high-efficiency flood-controlling technology, agro-biological technology, agricultural breeding technology, production technology for new-type fertilizers, disease and pest control technology for cropland, forest, and grassland, cultivation technology of fast-growing high-yield forest and high-efficiency firewood forest, technology for recovery and reconstruction of wetland, mangrove and coral reef ecosystems, technology for observation and early-warning of flood, drought, sea level rise, agricultural disasters, etc.

Needs for capacity building

Development of human resources. Capacity building needs for development of human resources mainly include personnel training, international exchange program, discipline development and professional training in the area of fundamental research on climate change, policy analysis on mitigation and adaptation, information system development and CDM project management.

Adaptation to climate change. Capacity building need for adaptation to climate change mainly includes development of adaptation projects, case studies on extreme climatic events, improvement of climate observation systems, enhancing the adaptation capacity of coastal areas, water resource and agriculture sectors, etc.

Technology transfer and cooperation. Capacity building need for technology transfer and cooperation mainly include following new progress and trend of international technology development, effective identification and assessment of advanced adaptation technology, analysis on barriers to international technological transfer and cooperation, improving the ability to adapt to and assimilate transferred technologies, etc.

Public awareness. Capacity building needs for public awareness include developing medium-and-long term program and policy to enhance public awareness of climate change, establishing professional publicity and education network and institutions in line with international standards, training people working in media and climate change education, launching public campaigns for stakeholders from different regions and groups to disseminate the knowledge of climate change, and guiding the public consumption patterns in favor of the protection of global climate system.

Information system development. Capacity building needs on information system development include distributed databases on climate change, internet-based climate-change-information sharing platforms, application-oriented information system and information service system, public information service system and industrial information service system, international information exchange and cooperation, etc.

National communications. Capacity building needs for national communications include the establishment of statistical system catering to the compilation of emission inventory, collection of testing and monitoring data for emission factors, methodologies for inventory quality control, assessment of climate change impact and adaptation, projection of future emissions, and the development and management of national greenhouse gas emission database.

Selection of Preferential Regions and Evaluation of Forest Carbon Sequestration Projects under Clean Development Mechanism (CDM) in China

Zhang Shengdong *

1 General Background

(1) Kyoto Protocol: afforestation and reforestation carbon sequestration projects are eligible under CDM for the first commitment period (2008 ~ 2012);

(2) Under Kyoto Protocol, afforestation and reforestation refer to afforest/reforest the land that had not been forested by Past 50 Years or December 31st, 1989;

(3) Forest carbon sequestration, especially the CDM forest projects, has received increasing attentions globally;

(4) Objective: To identify preferential regions for forest carbon sequestration projects to facilitate CDM projects and appropriate national-level forest carbon management policies in China.

2 Working Steps

(1) Principles for Developing Indicators for Identification

① To follow International Rules, such as baseline requirement and additionality of CDM projects

② To make the best use of existing database, such as national-level forest inventory data and geographical information

③ To align with National Forestry Development Strategy and Master Plan

④ To consider Cost-Benefit

⑤ To promote local communities' sustainable development in the project areas

⑥ To consider ecological benefit, such as biodiversity conservation

⑦ To follow comprehensive but concise process

(2) Indicators Developed

Land that had not been forested by December 31st, 1989.

Forest growth rate, Socio-economic conditions (Afforestation Cost, the per capita Annual Income, etc.), Status of biodiversity

(3) Comprehensive evaluation

* Zhang Shengdong, Programme Officer. Office on Combating Climate Change, Department Of Afforestation, State Forestry Administration. E-mail: zhangssddmaple@gmail.com

(4) Aapplication of research results

3 Technical Route

(1) To make full use of existing forest inventory data

(2) To launch a nationwide survey according to relevant factors

(3) To establish a databases for land with no forest by 1990, forest growth rate, Biodiversity and socio-economic conditions

(4) To standardize indicators through experts rating and to develop integrated indicators

(5) To identify preferential regions for carbon sequestration projects

Technical Route

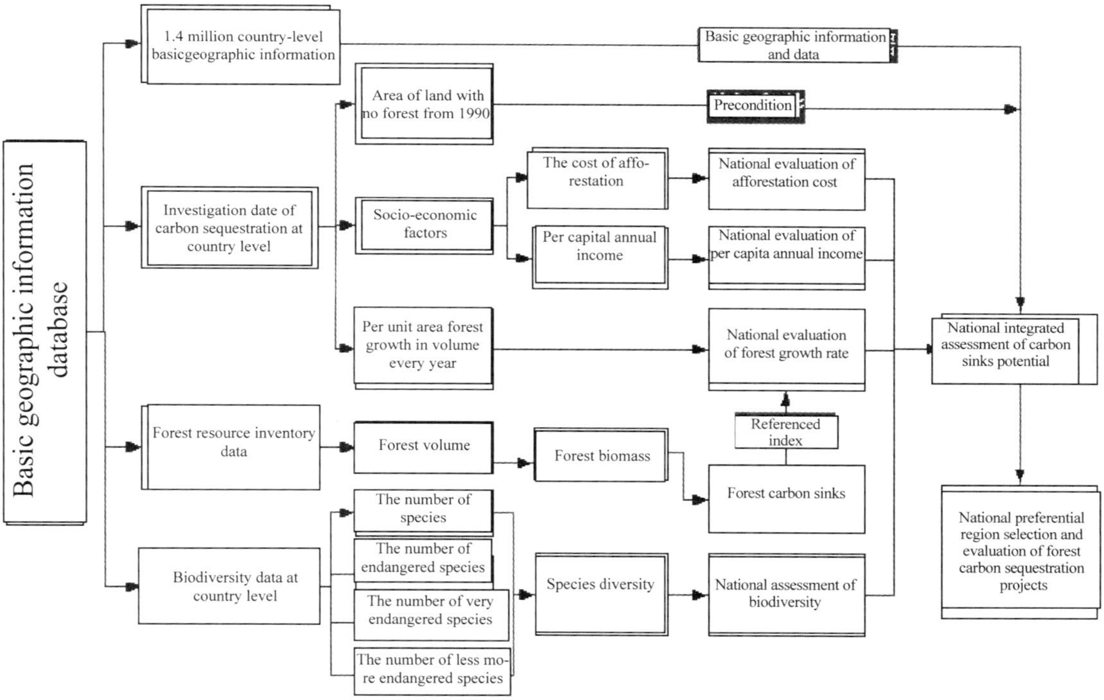

The questionnaire of preferential region selection and evaluation for afforestation and reforestation carbon sequestration projects (See Annex)

4 Analysis of Indicators

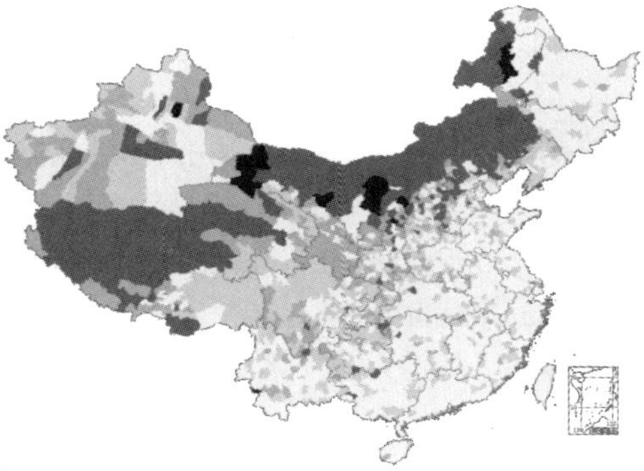

1

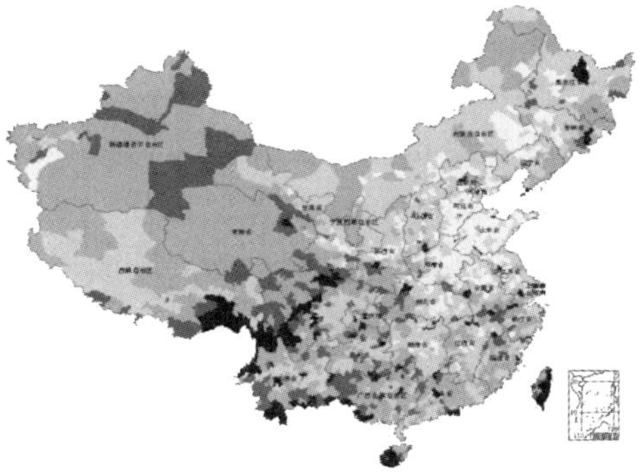

2

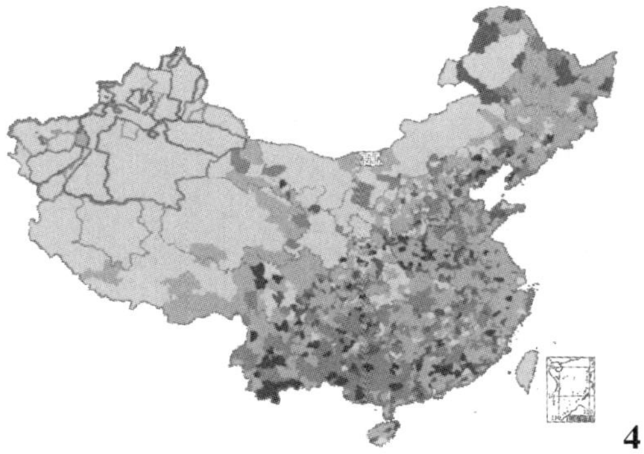

3

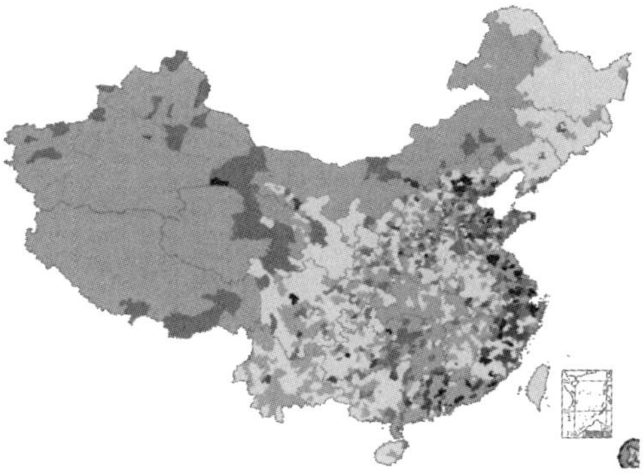

4

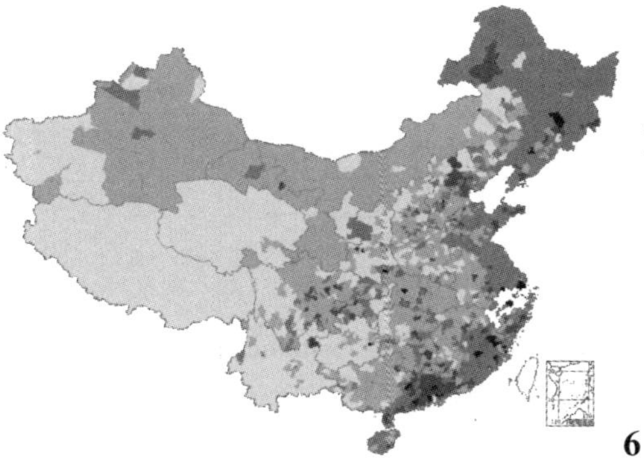

5

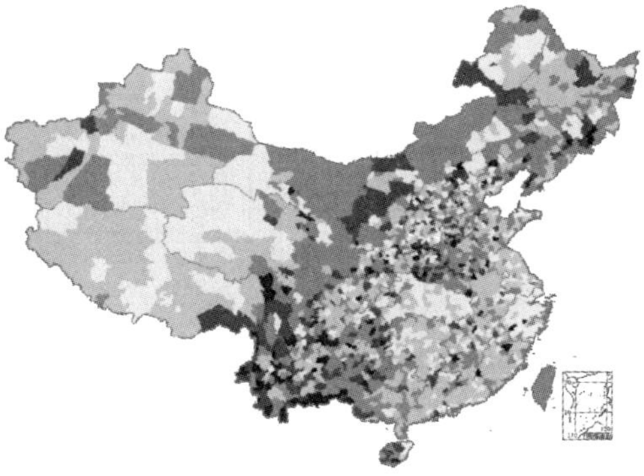

6

(1) (Pic. 1) The lands with no forest from 1990

The counties where the land with no forest area is more than 41,253 ha are mainly located in Inner Mongolia, Tibet, Qinghai, Xinjiang and other provinces, in which natural environment is very poor, and the survival rate of afforestation and the growth rate are relatively lower

The counties where the land with no forest area is between 5,008- and 41,253ha, are mainly located in most parts of Xinjiang, southeast of gansu, Qinghai, Tibet, Shaanxi, Shanxi, Hebei, Liaoning, Sichuang, Chongqing, Yunnan, Guizhou. Thereinto, the natural environment of Sichuang, Chongqing, Yunnan, Shaanxi, Shanxi and south of Gansu are relatively better

The counties where the land with no forest area is less than 5,008 ha, are mostly located in three northeastern provinces, southeastern coastal areas and most parts of the south region. Due to the natural environment is better and after massive afforestation campaign in the past years, maybe, there would be a problem of the shortage of land with no forest to develop CDM project in these regions

(2) Biodiversity Assessment

Pic. 2_ National 4 and 5 level regions of Biodiversity, are intensively located in Yunnan, Sichuan, Guangxi, Hainan, etc. Developing CDM projects in those regions will contribute to China's biodiversity conservation

(3) Forest growth rate

Pic. 3_The regions where main species grown at an annual volume of more than 1.4 m^3 per unit area, are mainly located in southwest China, East China, South China and Northeast forest regions, in which the development of carbon sequestration projects can obtain much more carbon than other regions

(4) The cost of afforestration

Pic. 4_The basic situation of national afforestation costs of main tree species as following:

The afforestation costs in northwest drought areas and coastal regions with high economic development rate are correlative higher

(5) National per-capita annual income

Pic. 5_As far as national annual income per-capita is concerned, the lowest-income areas are mainly located in the northwest, and most parts of southwest region. Middle-income areas are mainly concentrated in North China, Central region in China, South China and northwest parts. High-income areas located in Beijing, Tianjin, Zhejiang, and Guangdong area

5 Main Findings

Pic. 6_ The most preferential regions

S. and N. W. Yunnan, S. and N. W. Sichuan, S. Chongqing,

N. Guizhou, N. W. Guangxi , S. Hainan.

The second preferential regions

Most parts of Yunnan; S. W. Sichuan; S. W. Chongqing; Most parts of Guizhou, ;N. Guangxi.

6 Application of Research Results

(1) To provide baseline information for determining preferential regions for CDM forestry carbon sequestration projects in China

(2) To formulate forest carbon management rules or requirements

(3) To provide basic information platform and guideline for the selection of specific locations for forest carbon sequestration projects in China

(4) To provide pilot experience of CDM projects for national forestry authorities and to set up a ground for the accounting and monitoring of forestry carbon sequestration and other related work in China

Annex:

造林再造林碳汇项目优先发展区域选择评价调查表

省份　　　　地州(市):　　　　　　县(市)名:

县人均年收入(2004年):________元　　全县国民生产总值(2004年):________万元

县(市)综合地价:________元/亩(用当地国土局数据)　县(市)统一年产值:________元/亩(用当地国土局数据)

全县(市)现在的森林覆盖率:　　%　　全县自1990年以来的无林地面积:　　　亩

县内是否有国家级自然保护区,是　　否　　县内是否有省级保护区:是　　否　本县是否属于:国家级贫困县　省级贫困县

以下内容涉及本区域内造林成本:

造林作业设计:________元/亩　　县(市)境内租地(造林)平均价格:________元/亩/年

主要造林树种名称	平均造林密度(株/亩)	整地和栽植费(元/亩)	苗木费(包括运输)(元/亩)	幼林抚育(元/亩)	抚育间伐(元/亩)	病虫害防治(元/亩)	护林防火(元/亩)	检查核查验收(元/亩)	单位面积年均蓄积生长量(立方米/亩)

填表单位:　　　　　　联系人:　　　　　　电话:

Forestry Carbon Sequestration Action Plan in Beijing

He Guimei Wang Xiaoping*

Abstract: The current global warming has been becoming the hotspot of international social politics, economy, science and technology. Beijing is developing fast to be a modern, international metropolis. As the host of the "Green Olympics", Beijing has taken both a great opportunity and challenges for development. In order to promote forest carbon sequestration in Beijing, Beijing Park and Forest Bureau should take lead action to achieve the "Green Olympics". It includes: (1) Enhance propaganda and popularize carbon sequestration; (2) Strengthen carbon sequestration training ; (3) Taking advantage of the "Green Olympics", promoting carbon neutral action ; (4) Raising money actively and establishing Beijing Foundation under China Green Carbon Foundation; (5) Conducting relevant researches and demonstration tests of forest carbon sequestration; (6) Establishing Beijing forest carbon sequestration working agency.

Keywords: Carbon sequestration; propaganda; Green Olympics; training

The current global warming caused by massive emission of greenhouse gas such as CO_2, is deeply affecting the survival and development of human society, and becoming the hotspot of international social politics, economy, science and technology. To respond global warming, a series of framework conventions such as "*United Nations Framework Convention on Climate Change* (*UNFCCC*)", "*Kyoto Protocol* (*KP*)", and "*The Bali Road Map*" have been subscribed. All these conventions urge developed countries to adopt carbon reduction measure to control the emission of greenhouse gas like CO_2 and jointly take the responsibility of slowing down global warming. Especially, the taking effect of KP in Feb. 2005 greatly promoted the process of green house gas reduction. Due to the massive emission of greenhouse gas and increasing emission trend, China insists scientific development view and implement sustainable development strategy according to the principle of "*common but differentiate responsibilities*" and "*sustainable development*", and also actively establish and carry out mitigation strategy of climate change, and also improve carbon sequestration.

Our capital Beijing is developing fast to be a modern, international metropolis. As the host of the "Green Olympics", Beijing has taken a great opportunity for development, at the same time however, is facing many challenges. With the enlarging of city size and the process of modernization, the human population and motor vehicles number will keep increasing, which will result in

* Beijing Park and Forestry Bureau.

the increase of greenhouse gas consistency in atmosphere. As a result, Beijing will be sure to face increasing pressure of greenhouse gas reduction under the background of global warming and international concern. The special political and economical status, ecological resources and environment, and internationalization trend determine Beijing must take the lead of forest carbon sequestration action to increase the force of Beijing and China, and build solid base for the coming Green Olympics. Consequently, Chinese Communist Party Committee (CCP) of Beijing Municipality and Beijing Government attach great importance of forest carbon sequestration. Secretary Liu Qi and deputy mayor Niu Youcheng requested to promote forest carbon sequestration through deep research and full consideration

Beijing Park and Forest Bureau takes charge of forest carbon sequestration work in Beijing, and should take lead action to promote forest carbon sequestration. To standardly and steadily promote the sustainable development of forest carbon sequestration in Beijing, the bureau developed this action plan after the meeting of bureau communist party and consulting relevant experts.

1 Enhance propaganda and popularize carbon sequestration

1.1 Objective

This activity aims to make public society to deeply understand carbon sequestration and attract more enterprise, group, organization and volunteer to participate in establishment of Beijing project of China Green Carbon Foundation and expand channel of fund collection for forestry environment improvement through development of ecological culture, construction of ecological civilization, enhancement of public environment awareness and publicity of the knowledge about forestry carbon sequestration and neutral so as to make new contributions to building up a prosperous, harmonious, well-inhabiting Beijing.

1.2 Propaganda content

Knowledge of forest carbon sequestration and carbon neutral; function of forest in source self-restraint, climate change responding, and environment education; the importance of forest carbon sequestration on environment improving in Beijing; the necessity, importance and participation method for enterprise, society, organization and citizen to purchase carbon sequestration.

1.3 Organizing pattern

By the leading of the government, press and media will be organized to propagandize carbon sequestration and carbon neutral, popularize carbon sequestration knowledge and enlarge the influence of carbon sequestration.

2 Strengthen carbon sequestration training

2.1 Training objective

Well understanding the theory and techniques of forest carbon sequestration and carbon neutral, promoting the implementation of forest carbon sequestration.

2.2 Training content

International and national developing trend of carbon sequestration; techniques and technology of carbon sequestration producing, measurement, evaluation and monitoring; policy for carbon sequestration trade and management; guideline and procedure of carbon sequestration project management and implementation.

2.3 Training pattern

Aiming at different group of trainees every time, inviting national and international experts to make lecture and instruct outdoor operation.

3 Taking advantage of the "Green Olympics", promoting carbon neutral action

3.1 Promoting carbon neutral for Green Olympics

Aiming at the Olympics in August, organize experts to develop propaganda plan. Advocate carbon neutral by propaganda around the open ceremony day for Olympics. During the Olympics, educate the public with carbon sequestration, distribute carbon sequestration materials, set propaganda station and money-collection box at public area or Olympics village, arrange interpreting, and encourage carbon sequestration purchasing by outlanders for compensation of the CO_2 emission by their traveling to achieve carbon neutral.

3.2 Promoting motor vehicle to achieve carbon neutral

Currently there are more than 3 million motor vehicles in Beijing, and the number is increasing by 1500 vehicles every day. Beijing will have 3.25 million vehicles on the ceremony day for Olympics. If every vehicle runs 15 to 21 thousand kilometer per year, it will let 5 to 7 ton of carbon. Therefore, it's of great importance that the motor vehicles achieve carbon neutral in Beijing. Currently, China Green Carbon Foundation has initiated the action of presenting green stick for vehicle by purchasing carbon sequestration. According to the estimate by expert, the carbon sequestration by donating 1000 yuan for afforestration and keeping the forest for 20 years would counteract the carbon emission by one car per year, thus achieve carbon neutral. Conducting this action will greatly promote carbon sequestration in Beijing.

4 Raising money actively and establishing Beijing Foundation under China Green Carbon Foundation

China Green Carbon Foundation is a national public foundation co-initiated by SFA, China National Petroleum Corporation and China Green Foundation, which aims to promote raising public finance to conduct activities such as afforestation, forest management and establishment of energy source forest base for the fixation of CO_2 in atmosphere. According to the relevant regulation, Beijing Foundation should be established as soon as possible, so as to build platform for money-raising through enterprise, organization, society and citizens in Beijing to promote forest carbon sequestration.

The main money-raising methods for Beijing Foundation are as follow:

(1) Raising money first in Beijing Park and Forestry Bureau

(2) Raising money among enterprise, social society, organization and citizens

(3) Other project finance may also be used to afforestrate and manage forest for carbon sequestration.

5 Conducting relevant researches and demonstration tests of forest carbon sequestration

(1) developing management policy and regulation for carbon trade, and promoting the effective implementation of carbon sequestration projects

(2) Establishing methodology system for the measurement, monitoring and evaluation of Beijing forest carbon sequestration

(3) Conducting research on the basic theory of forest carbon sequestration and the technology of promoting and regulating carbon sequestration

(4) Establishing demonstration test site for promoting carbon sequestration

(5) Enhancing forest health management, improving forest quality, and promoting forest carbon sequestration

6 Establishing Beijing forest carbon sequestration working agency

To strengthen forest carbon sequestration work, SFA established a leading group for carbon sequestration and a carbon sequestration management office underneath for the management and coordination of national forest carbon sequestration. Forest carbon sequestration working agency is also established in many provinces such as Yunnan, Hubei and so on. Considering the importance, status and development trend of Beijing forest carbon sequestration, Beijing Park and Forestry Bureau should establish relevant forest carbon sequestration working agency, taking charge the management and coordination of Beijing forest carbon sequestration work.

WWF & bioenergy

Guo Ran *

Internal context

Main conclusions

— WWF sees climate change as a major threat to biodiversity that will potentially overshadow any other human-induced threat.

— High degree of probability that known forms of sustainable energy sources using known technologies can be harnessed to meet doubling energy demands by 2050.

— Achieve 60% ~ 80% reduction of climate dangerous emissions

— Long term stabilization of 400 mL/L, which will hopefully avoid dangerous climate change and keep warming under 2 ℃。

— 6 solutions, one of them is the wide use of renewable sources of energy Bioenergy for heat and transport holds vast potential but could go terribly wrong if implemented unsustainably -e. g by clearing biodiverse habitats to plant energy crops.

By 2050, the scenario includes the equivalent range of 110 ~ 250EJ per year from sustainable biomass, with a best estimate at 180EJ/yr. Together, this and other low emission technologies can provide 513EJ energy per year by 2050, or about 70% of the supply after efficiencies have been applieds.

Climate change is not the only aspect to consider!

Global potential accounting to the Copernicus institute

External context

Various drivers for bioenergy (climate change, rural development, energy security)

- Fast growth: Bioenergy targets in > 50 countries worldwide
- Several intensive debates:
- Agriculture subsidies, tariffs, free trade agreements...
- Expansion of "sensitive" Commodities (palm oil, soy...)

---

* Supported by: Lúszló Múthé (WWF International).
Guo Ran, Forest Program Officer, WWF China.

■ Globally around 46 EJ of bioenergy (IEA, 2006)

■ Traditional solid biomass (fuelwood, dung, charcoal, straw...): 35EJ and over 1/2 of global wood consumption!

Concurent policies?

■ Stopping biodiversity loss by 2010

■ Reducing emmissions from deforestation and forest degradation (approximatly 20% of global GHGemmisions)

■ Implementation of this targets are highly dependent on land-use!

Potential impacts

Intensification of agriculture and forestry on currently used land AND conversion of highly diverse ecosystem to increase production capacity!

More environmental threats from agriculture

— Habitat loss— 55% and counting

— Water take— 70% of human use,

— Loss of soil— half of topsoil lost globally;

— 70% ~90% of farmers loose more carbon/year than put back

— Agro—chemicals— more used in agriculture than any other industry

— Pollution— more than any other human activity

— Climate change— 25—40% of greenhouse gases that contribute to climate change

Displacement, food security

■ Bioenergy feedstock production replacing other land-uses which than drive conversion. Demand on the market for the displaced feedstocks will not disappear. Addressing displacement is a very complicated issue because it acts across borders and crops.

■ Social issues

Positive impacts include

■ GHG savings - For WWF, GHG emissions reduction is the primary reason for investigating bioenergy potentials

■ Contribution to employment & renewable energy strategies

■ Rural Development

■ Replacing inefficient biomass with modern bioenergy

Bioenergy sustainability assurance

■ Sustainability of bioenergy = sustainability of agriculture & forestry management + GHG performances + social performance

■ In WWF's view there is no justification for bioenergy which is not delivering SIGNIFICANT GHG reductions and its produced in a responsable manner.

Minimize environmental and social impacts maximise benefits!

■ No conversion of high conservation value areas (HCVAs): forests, permanent grasslands, floodplains etc.

■ Responsible use of water and soil resources

■ Protection of biological diversity

International Meta-Standard Strategy

— There is a need for an internationally agreed production standard covering all kind of crops

— The standard should not be used for protectionist purposes and should NOT disadvantage small producers.

— Should ensure legality and environmental and social sustainability

— Should comply with ISEAL standards

How would it work?

Bioenergy standard	FSC(forest)	RSPO(palm oil)	BSI (sugarcane)
Criteria1	YES	YES	NO
Criteria2	YES	YES	YES
Criteria3	NO	YES	NO
Etc.			

Issues to consider

· WWF does not want to create a new certification scheme for bioenergy! More schemes create confusion and place extra burden on the producers!

· Existing credible schemes should be used to promote responsible production!

· Most of the schemes need some changes: for example GHG measurement.

· What do we do with the crops without a certification scheme (jatropha)?

Certification is not a silver bullet

· Certification will not address:

— Displacement: displacement acts across crops and borders. The demand for displaced crops will not disapear but it most of the cases will create new production capacities.

— Indirect land use changes will significantly influence the GHG balance of the bioenergy feedstocks!

— Land use conflicts: competition with food.

Additional measures are needed

· Support for efficient, participatory land-use planning, improvement in law enforcement and governance to avoid unwanted (indirect) land-use changes (conversion)!

· Support for GHG and environmentally "efficient bioenergy" for example 2nd generation but not for "0 generation" (inefficient) cars! Link incentives to GHG and environmental performance!

· Support production of bioenergy based on waste products, improve efficiency in existing systems (Indonesia could significantly increase its production of palm oil by implementing better management practices) and promote production on idle land.

Status quo

- Lack of comparable data to make informed decisions
- No agreed on methodology
- To compare supply chains
- To make lifecycle analyses (what to include in GHG andenergy balances)
- Focus is on price and profitability, not sustainability or net impacts
- Need to anticipate impacts- where will production shift in 20 years?
- What crops will dominate biofuels- which are dead ends?

WWF & bioenergy

- Internal framework (position papers, strategy)
- 4 WWF collegues (all based in Europe) working full time on bioenergy,
- Capacity is needed in the producing countries
- Focuss should be given to impact mitigation, safeguards

· WWF has not decided where to locate the bioenergy work: MTNI or under the Energy Center in the Conservation Policy and Practice Unit.

Ongoing activities

- European Union biofuel certification process
- Degraded land project -how to identify degraded/idle land in a participatory way
- Various bioenergy potential studies with regional focus

· "Jathropha roundtable" -interpretation of Roundtable of Sustainable Principles and Criteria for jathropha.

附录:缩写与简称

AARS 亚洲遥感协会
ABD 地上生物量密度
AGO 澳大利亚温室气体办公室
ANPP 地上部净初级生产量(克/米^2 年)
ASAR 先进合成孔径雷达
ASB 砍伐和焚烧替代办法
Ave. 平均
BEF 生物量扩展系数
BNPP 地下净初级生产力(克/米^2/年)
Cstock 碳储量
CC 仍为农田的农田
C&I 标准和指标
CBD 生物多样性公约
CDM 清洁发展机制
CI 置信区间
CIFOR 国际林业研究中心
CLC 缔约方大会
CORINE 环境信息协调
CRP 保护保护区方案
CSIRO 英联邦科学和工业研究组织
CT 常规耕作法
CTIC 环保技术信息中心
D 木材密度
d. m. 干物质
DAAC 分布式活动存档中心
dbh 胸高直径
DOC 死有机碳
DOM 死有机质
EF 排放因子
EIT 济经转型
EMEP 监测和评价欧洲空气污染物远距离传播合作方案
ES 估计
ESE 地球科学事业部——(NASA)
ESRI 环境系统研究所
ETM + 增强型专题制图仪
EU 欧洲联盟
FAO 粮农组织统计数据库
FAOSTAT 粮食及农业统计数据库
FF 仍为林地的林地
FIA 森林清单和分析
FRA 森林资源评估
GBC 绿色寻找挑战
GCOS 全球气候观测系统
GG 仍为草地的草地
GHG 温室气体
GIS 地理信息系统
GLCF 全球土地覆盖融资
GPG 优良做法指南
GPG200 IPCC 国家温室气体清单优良做法指南和不确定性管理 2000 年优良做法指南)
GPP 总初级生产量
GPS 全球定位系统
GWP 全球增温潜势
HAC 高活性粘土
HT 总高度
ICOD 国际大坝委员会
ICP 国际合作方案
RBD 根生物量密度
RFP 回收纤维纸浆
RGP 草原、草地、牧场
RP 回收纸
RS 遥感
S 硫
SAR 合成孔径雷达
SD 标准偏差
SFM 可持续森林管理
SOM 土壤有机质
SOC 土壤有机碳
SPOT 地球观测实验系统
SS 仍为定居地的定居地

TNPP	净初级生产总量(克/米^2/年)
TOR	职权范围
UNECE	联合国欧洲经济委员会
UNCED	联合国环境与发展会议
UENP-ERID	联合国环境规划署-全球资源信息数据库
UNFCCC	联合国气候变化框架公约
URL	统一资源定位器
USDA	美国农业部
USGS	美国地质勘探局
UTM	统一横轴默卡托
VOCs	挥发性有机化合物
WCD	世界水坝委员会
WCPR	世界气候研究方案
WRB	世界参考资料库
WP	木浆
WSO	湿地、定居地和其它土地
WW	仍为湿地的湿地
yr	年